DORIS MULIAR

RICHTIG ESSEN ab 60

Das Senioren-Kochbuch für Gesundheit und Fitness im Alter

Über 100 einfache und clevere Rezepte für den Alltag

riva

INHALT

VORWORT

Spätestens ab 60 wäre es gut, etwas zu unternehmen, um auch im höheren Alter gesund und fit zu bleiben. Bereits ab dem 50. Lebensjahr verändert sich der Körper, baut allmählich ab: Die Muskeln werden weniger, der Stoffwechsel verlangsamt sich, eine unaufmerksame Lebensführung wird nicht mehr so leicht weggesteckt.

Der Körper braucht zum Beispiel mehr Eiweiß, um die Muskeln zu erhalten. Vitamine und Mineralien werden jetzt verlangsamt aufgenommen, das Durstgefühl lässt nach und sportliche Aktivitäten sind bisweilen nur eingeschränkt möglich.

In diesem Buch erfahren Sie, was Ihr Köper beim Älterwerden besonders braucht und wie Sie an genügend Vitamine und Mineralstoffe kommen, ohne zusätzliche Kalorien zu sich zu nehmen. Durch den ohnehin verlangsamten Stoffwechsel würden Sie unweigerlich zunehmen, daher muss auf eine höhere Nährstoffdichte in den Lebensmitteln geachtet werden.

Gleich am Anfang erfahren Sie unter anderem, wie Sie Herz, Knochen und Darm in Form halten, wie Sie Diabetes vermeiden oder wie Frauen und auch Männer mit dem einsetzenden Hormonmangel umgehen können. Auf Wissensseiten bekommen Sie Tipps und Informationen, was Sie für besseren Schlaf, weniger Stress oder für ausreichende Flüssigkeitsaufnahme tun können. Welche Nahrungsmittel im Lebensabschnitt ab 60 besonders wertvoll sind, sehen Sie in zahlreichen Tabellen und Informationen bei den einzelnen Gerichten.

Die über 100 bebilderten Rezepte enthalten all die Lebensmittel, die im Alter besonders wichtig für Sie sind und können mit den Schritt-für-Schritt-Anleitungen auch von Ungeübten gekocht werden. Alternativ dürfen Sie auch Tiefkühlware und Konserven verarbeiten – was auch immer den Arbeitsaufwand erleichtert.

Suchen Sie sich in den Kapiteln *Start in den Tag* und *Leicht und schnell* Ihre Lieblingsrezepte, profitieren Sie von den Anregungen, wie Sie *Extra-Proteine* für die Stabilität Ihrer Knochen zu sich nehmen und wie Sie *abends mit weniger Kohlenhydraten* Ihrem Organismus zur entspannenden Nachtruhe verhelfen.

Bleiben Sie gesund und fit!

GESUND ÄLTER WERDEN

Mit Genuss fit bleiben

Auf den nächsten Seiten erfahren Sie, welche Maßnahmen für einzelne Organe besonders wirksam sind. Sie werden lesen, wie Sie Ihre Knochen kräftig und sicherer gegen Brüche machen können. Dass von der Darmgesundheit der ganze Organismus profitiert, ist kein Geheimnis mehr, auf die Bedeutung eines gesunden Mikrobioms wird aber nochmals genau eingegangen.

Sie finden Anregungen, wie Sie der gefürchteten Altersdiabetes vorbeugen können, ebenso wie prophylaktische Maßnahmen gegen die sich immer weiter verbreitende Altersdemenz.

Eine nicht-alkoholische-Fettleber kann durch eine geeignete Ernährung vermieden werden. Warum dabei Zucker und zuckerhaltige Getränke eine so große Rolle spielen, wird ab Seite 39 erklärt.

Auch Divertikulitis muss nicht sein. Zwar kommen Divertikel (Ausstülpungen an der Dickdarmwand) sehr häufig vor; bei ballaststoffreicher Ernährung wird es aber kaum zu den schmerzhaften Entzündungen kommen.

Nicht zuletzt geht es auch um die Folgen der Menopause bei Frauen und dem männlichen Pendant, der Testopause.

STARKES HERZ

7000 Liter Blut pumpt unser Herz täglich durch unseren Körper. Dafür zieht sich der Herzmuskel etwa 100.000 Mal zusammen und entspannt dann wieder. Neben dieser Dauerleistung hat unser Herz im Laufe der Zeit mitunter auch ganz schön einstecken müssen: Stress im Arbeitsleben, psychische Belastungen, keine Zeit für Bewegung, hastiges Essen und möglicherweise zu hohes Gewicht können auch schon in jüngeren Jahren zu Herzproblemen führen. Gut, wenn Sie jetzt, mit über 60, noch keine Beschwerden haben. Damit das so bleibt, können Sie einiges vorbeugend unternehmen. Zum Beispiel

- mehr Bewegung in Ihren Alltag einbauen (siehe Seite 188),
- auf ein stressfreies oder zumindest stressreduziertes Leben achten (Seite 77),
- regelmäßig Blutdruck messen,
- in der Tagesmitte 30 Minuten ruhen, das entspannt und senkt die Herzfrequenz.

Auch Ihre Ernährung hat Einfluss auf die Herzgesundheit. Vermeiden Sie Fertigprodukte, denn sie enthalten zu viel Salz und zu viel Zucker. Beides ist schädlich für Ihr Herz. Essen Sie lieber Frisches – Ihrem Herzen zuliebe und auch für den Genuss. Es gibt viele Lebensmittel, die gut fürs Herz sind. In erster Linie sind das frische Gemüse, Olivenöl, Nüsse und Obst – wie es etwa die mediterrane Ernährungsweise vormacht. Essen Sie nur ein- bis zweimal pro Woche Fleisch, und dann hochwertiges von artgerecht gehaltenen Tieren oder Bio-Fleisch. Ab und zu fetter Fisch, wegen der Omega-3-Fettsäuren, und viele Kräuter runden den Speisenplan ab. Im Rezeptteil finden Sie die besonders herzfreundlichen Zubereitungen unter dem Herz-Symbol. Die folgende Tabelle zeigt, welche Stoffe besonders wichtig sind für Ihre Herzgesundheit und in welchen Lebensmitteln diese enthalten sind.

STARKES HERZ		
	Enthalten in	**Wirkung**
Beta-Carotin (Provitamin A)	Gelber, orangefarbener und roter Pflanzenfarbstoff, zum Beispiel in Möhren, Paprikaschoten, Süßkartoffeln, Aprikosen, Pfirsich, Melone, aber auch in grünem Gemüse wie Spinat, Grünkohl, Brokkoli.	Das Risiko für Herz-Kreislauf-Erkrankungen wird reduziert und das Immunsystem gestärkt. Carotin ist fettlöslich. Die Aufnahme wird durch Beigabe von etwas Öl verbessert. Gutes Kauen verstärkt die Bio-Verfügbarkeit.
Folsäure (Vitamin B_9)	In allen grünen Blattgemüsen, besonders in Brokkoli. Außerdem: Tomaten, Möhren, Eier, Vollkornprodukte, Hülsenfrüchte, Orangen, Birnen.	Regt Zellwachstum und Blutbildung an. Hilft, das gefäßschädigende Homocystein abzubauen.
Quercetin	Der Pflanzenfarbstoff kommt in vielen Lebensmitteln vor. Äpfel, besonders ältere Sorten, stehen dabei an erster Stelle. Ein guter Lieferant ist auch Buchweizen, der in einigen Rezepten zum Einsatz kommt.	Quercetin kann gegen Infektionen schützen und das Herz im Zusammenspiel mit anderen Pflanzenstoffen stärken. Dabei sind Resveratrol (dunkle Trauben), Curcumin (Kurkuma) und Bromelain (Ananas) besonders hilfreich.
Spermidin	Kann vom Körper selbst gebildet werden, kommt aber auch in Lebensmitteln vor: Vollkornprodukte, Erbsen, Äpfel, Nüsse, Kartoffeln, Shiitake-Pilze, Weizenkeime, reifer Käse (Gouda, Parmesan, Cheddar).	Schützt Herz und Gehirn und gilt auch als Anti-Aging-Substanz. Mit zunehmendem Alter nimmt die körpereigene Produktion ab, kann aber durch entsprechende Ernährung ausgeglichen werden.

STARKES HERZ		
	Enthalten in	**Wirkung**
Vitamin C	Vitamin C ist ein guter Freund des Herzens. Viel Gemüse, viel Obst – und das alles möglichst frisch und regional. Denn durch Transport und Lagerung kann der Vitamingehalt um bis zu 75 % sinken. Öfter mal roh essen oder schonend dämpfen – das Vitamin ist hitzeempfindlich. Aber nicht im Kühlschrank aufbewahren – es ist auch kälteempfindlich.	Vitamin C repariert Bindegewebe in den Organen, hält die Blutgefäße elastisch und senkt den Blutdruck.
Vitamin D	Besonders gute Lieferanten von Vitamin D sind fette Fische, wie Makrele, Hering oder Lachs. Als weitere Quellen kommen noch Eier, Pilze, Leber und Innereien in Frage. Die Versorgung nur durch Essen ist kaum möglich. Da hilft nur, die Sonne an die Haut zu lassen, denn dann stellt der Körper das Vitamin selbst her.	Lassen Sie die Sonne in den Sommermonaten 2- bis 3-mal wöchentlich 10–20 Minuten an Gesicht, Hände und Arme. Für die Wintermonate wird das so gewonnene Vitamin D im Fett- und Muskelgewebe gespeichert. Mit über 60 eher zusätzliches Vitamin D nach Absprache mit dem Arzt in Tablettenform zuführen, da die körpereigene Herstellung schwächelt.

GESUNDER DARM

Ist Ihr Darm nicht tipptopp in Form, nützt auch das gesündeste Essen nichts, denn er kann es nicht richtig verwerten. Das bezieht sich nicht nur auf die Verdauung an sich, sondern vor allem auf die 30 Billionen der guten und fleißigen Mikroorganismen, die jeden Darm besiedeln. Sie zerlegen die Nahrung und sorgen für ihren Transport an die Stellen im Körper, wo gerade Nährstoffe benötigt werden. Sie ziehen Energie aus der Nahrung, sie regulieren den Salz- und Wassergehalt und organisieren den Hormonhaushalt. Darmbakterien bremsen zum Beispiel eine überaktive Schilddrüse oder halten das Stresshormon Cortisol in Zaum. 80 Prozent unserer Immunzellen befinden sich im Darm, 90 Prozent des Glückshormons Serotonin werden dort gebildet und 100 Millionen Nervenzellen halten Verbindung zum Gehirn. Diese »Darm-Hirn-Achse«, die Nervenbahn zwischen Verdauungstrakt und Gehirn, wird derzeit in zahlreichen Studien genauer untersucht. Fest steht schon jetzt, dass die Darmbakterien, das sogenannte Mikrobiom, hormonähnliche Substanzen bilden, wodurch Informationen an das Gehirn gesendet werden.

Die Gesamtheit der Darmbakterien, das sind etwa 1,5 Kilogramm, wird als Darmflora bezeichnet. Nur ein Gramm Darminhalt, so sagt man, enthält mehr Lebewesen, als Menschen auf der Erde sind. Heute bezeichnen Wissenschaftler die Mischung aus Bakterien, Viren und Pilzen als intestinales Mikrobiom.

Leider können schon kleine Veränderungen in unserer Umwelt oder unserer Lebensweise große Störungen hervorrufen. Einseitige Ernährung, Stress, Medikamente – alles Störfaktoren, welche die Darmflora aus dem Gleichgewicht bringen. Schnell bemerkbar macht sich das durch Blähungen, Durchfall oder Verstopfung. Die langfristigen Folgen sind Entzündungen, Stoffwechselerkrankungen oder Übergewicht.

Wenn wir die »guten« Bakterien im Darm so gut ernähren, dass sie sich vermehren können, sprechen wir von einer gesunden Darmflora. Einseitige Ernährung – womit auch immer – schmeckt den guten Darmbakterien überhaupt nicht, dafür den schlechten umso besser.

Am liebsten haben Ihre Mikroorganismen die sogenannten Präbiotika und Probiotika.

Bei Probiotika handelt es sich um Bakterien, hauptsächlich Milchsäurebakterien und Hefen, die den Lebensraum der Darmbakterien verbessern und so für eine gesunde Darmflora sorgen. Bekannt ist Sauerkraut – am besten roh, denn beim Erhitzen werden die gesunden Inhaltstoffe teilweise zerstört.

Die nützlichen Milchsäurebakterien werden auch bei der Herstellung von Joghurt, Kefir oder Käse verwendet. Manche Joghurts werden zusätzlich mit Milchsäurebakterien angereichert. Wie viele Milchsäurebakterien dann allerdings im Darm ankommen und nicht schon von der Magensäure zersetzt werden, ist von Mensch zu Mensch unterschiedlich.

Weitaus wichtiger sind daher die Präbiotika. Sie regen das Wachstum der Bakterien im Darm an. Am bekanntesten sind die unverdaulichen Ballaststoffe (Oligofructose und Inulin), wie sie in Vollkorn und Hülsenfrüchten vorkommen. Beim Abbau der Ballaststoffe durch die Darmbakterien entstehen kurzkettige Fettsäuren, welche die Darmzellen und -schleimhaut vor schädlichen Stoffwechselprodukten schützen. Etwa 30 g Ballaststoffe sollten wir täglich zu uns nehmen.

In der folgenden Tabelle können Sie sehen, wie hoch der Ballaststoffanteil von 100 g der Lebensmittel ist. Zum Vergleich sind auch einige Lebensmittel angeführt, die gar keine Ballaststoffe beinhalten.

BALLASTSTOFFE			
Lebensmittel	**Ballaststoffe pro 100 g**	**Lebensmittel**	**Ballaststoffe pro 100 g**
Äpfel	3,0	Kürbiskerne	18,0
Bananen	3,0	Leinsamen	37,4
Bohnen (Kidney, weiße), roh	25,0	Linsen, Konserve	7,9
Bohnen, Konserve	7,0	Linsen, roh	16,6
Brokkoli	3,0	Mandeln	15,2
Buchweizen, roh	25,0	Milch und Milchprodukte	0,0
Cashewkerne	3,0	Möhren	4,0
Dinkelvollkornbrot	8,3	Paprikaschoten	3,6
Erdnüsse	11,4	Pumpernickel	11,0
Fisch	0,0	Roggenvollkornbrot	11,0
Gurken	0,0	Rosinen	7,0
Haferflocken	10,0	Schwarzwurzel	17,0
Heidelbeeren	5,0	Sesamsaat	10,9
Himbeeren	4,7	Sonnenblumenkerne	6,3
Hirse, roh	7,0	Teigwaren (Hartweizengries), roh	3,8
Johannisbeeren, rot	3,5	Teigwaren (Vollkorn), roh	13,0
Johannisbeeren, schwarz	6,8	Teigwaren, gekocht	2,0
Kakaopulver, stark entölt	35,0	Toastbrot	3,6
Kartoffeln	8,0	Tomaten	0,4
Kichererbsen, roh	21,4	Topinambur	12,1
Kichererbsen, Konserve	7,7	Vollkornbrot	9,0
Knäckebrot	14,0	Walnüsse	8,0
Kohl, alle Sorten, Mittelwert	4,5	Wurstwaren	0,0

FESTE KNOCHEN

Während unseres Lebens befinden sich die Knochen in einem ständigen Auf- und Abbauprozess. Mit 30 bis 35 Jahren sind sie bei gesunden Menschen auf dem Höhepunkt ihrer Dichte. Ab dann wird die Knochenmasse jährlich um etwa 1 Prozent weniger – manchmal, je nach Lebensweise, auch mehr. Irgendwann heißt die Diagnose dann Knochenschwund. Man wird anfälliger für Brüche, die Knochen schmerzen, die Beweglichkeit lässt nach, man wird krumm (»Witwenbuckel«) und am Ende droht die Pflegebedürftigkeit.

Vor allem Frauen sind nach der Menopause durch die nachlassende Östrogenproduktion betroffen. Ab einem Alter von 65 Jahren holen Männer – auch wegen eines Testosteronmangels – allerdings auf und sind im selben Maße von schwindender Knochendichte betroffen. Aber auch alle, die rauchen, sich wenig bewegen und wenig Sonnenlicht abbekommen, werden früher oder später Probleme mit poröser werdenden Knochen bekommen.

Soweit muss es aber nicht kommen, wenn Sie sich beizeiten darum kümmern, Ihre Knochen davor zu schützen, porös zu werden.

In erster Linie können Sie Aktivitäten einplanen, welche die Muskeln fordern, denn das stärkt die Knochen. Warum? Grob gesagt: Die Muskeln sind mit Sehnen an den Knochen befestigt. Zum Beispiel werden beim Krafttraining Muskeln bewegt, ziehen also an den Knochen. Und diese reagieren zur Verstärkung mit vermehrtem Einbau von Kalzium.

In zweiter Linie verbessern Kalzium und Vitamin D (»Knochenvitamin«) die Knochenstruktur.

Vitamin D wird nur in geringem Maße mit der Ernährung aufgenommen: Fetter Fisch, Eier, Pilze und Innereien sind geeignete Lebensmittel. Der größte Teil des Vitamin D entsteht durch Sonneneinstrahlung auf die Haut – dafür reichen schon 30 Minuten draußen bei Tageslicht. Leider wird mit dem Alter die Haut immer dünner, was zu einer geringeren Produktion von Vitamin D führt und eventuell durch längere Aufenthalte im Freien kompensiert werden muss. Fragen Sie Ihren Arzt, ob Sie – je nach Vitamin-D-Spiegel im Blut – in den sonnenarmen Wintermonaten ein Präparat zu sich nehmen sollten.

Das Kalziumangebot ist reichlich in Milchprodukten und grünem Gemüse, wobei Vitamin C die Kalziumverwertung verbessert. Das heißt, es kommt mehr Kalzium in Ihrem Organismus an, welches dann mithilfe des D-Vitamins in die Knochen eingebaut werden kann.

Diese Maßnahmen werden nicht voll zum gewünschten Erfolg führen, wenn sogenannte Knochenräuber in Ihrem Lebensstil wirken. Industriell hergestellte Lebensmittel enthalten vielfach Phosphate. Diese werden nicht nur als Dünger eingesetzt. Die Hersteller mischen sie in die Rezepturen, zum Beispiel, damit Cola seine Farbe behält, Wurstprodukte nicht so schnell verderben, Puddingpulver, Schokolade und Speiseeis geschmeidig bleiben. Sie finden diese »Zutaten« auf den Packungen unter den Nummern E338 bis E452 und E1410 bis E1442. Diese industriellen Phosphate lösen das Kalzium aus den Knochen, was beim natürlichen Phosphatvorkommen in Nüssen, Fleisch und Hülsenfrüchten nicht passiert. Denn dieses wird einfach über die Nieren ausgeschieden. Auch Alkohol und Nikotin behindern die Kalziumaufnahme und führen zu verminderter Knochenbildung. Ebenso können Störungen im Darm, zum Beispiel durch ein schwaches Mikrobiom, die Aufnahme von Kalzium vermindern.

Zubereitungen, die besonders gut für den Knochenerhalt sind, finden Sie im Rezeptteil unter dem Knochen-Symbol.

In der folgenden Tabelle sehen Sie, welche Inhaltsstoffe besonders gut für die Knochen sind und worin diese vorkommen.

FESTE KNOCHEN		
	Enthalten in	**Wirkung**
Kalzium	Milchprodukten, grünem Gemüse, Vollkorngetreide, Nüssen, Sesam, Bananen, Feigen (frisch und getrocknet) – über Kalziummangel in unseren Nahrungsmitteln kann man nicht klagen.	Nicht übertreiben – daher Vorsicht bei Nahrungsergänzungsmitteln. Diese sollten nur vom Arzt und nur bei Osteoporose verordnet werden. Zuviel Kalzium könnte statt in den Knochen auch an Ihren Gefäßwänden ankommen.
Folsäure (Vitamin B_9)	Spinat, Kohlgemüse, Spargel, Vollkornbrot, Eigelb	Ist an allen Wachstumsprozessen beteiligt.
Kobalamin (Vitamin B_{12})	Fisch, Fleisch, Eiern.	Ist zusammen mit Folsäure an Wachstumsprozessen beteiligt.
Magnesium	In vielen Lebensmitteln enthalten – besonders reichlich in Kürbiskernen, Sonnenblumenkernen, Cashewkernen, Quinoa, Hülsenfrüchten, Mandeln, Hirse, Haferflocken – alle mit weit über 100 mg pro 100 g. Die von Sportlern viel gerühmten Bananen enthalten »nur« 30 mg/100 g.	Wird zwar nur in geringen Mengen in den Knochen eingelagert, ist aber dennoch ein wichtiger Baustein. Magnesium macht das Vitamin D erst wirksam. Ohne Magnesium wäre unser Knochenbau nicht stabil, würde Kalzium nicht eingebaut.
Silicium	Hafer, Hirse (besonders Braunhirse) und Gerste	Der Mineralstoff Silicium ist wichtig zur Bildung von Kollagenfasern zum Knochenaufbau.

FESTE KNOCHEN		
	Enthalten in	**Wirkung**
Vitamin D (Calciferol)	Fettem Fisch: Hering, Aal, Lachs, Makrele. Weitere Lieferanten sind Eier, Pilze, Leber und Innereien.	Unentbehrlich für die Stabilität der Knochen. Vom »Knochenvitamin« wird vermutet, einen Einfluss auf den Ausbruch von Demenz zu haben. Also: möglichst eine halbe Stunde täglich raus ins Licht oder in die Sonne. Wegen einer eventuellen Substitution sprechen Sie bitte Ihren Arzt an.
Vitamin K2	Grünem Gemüse, Blumenkohl, Kräutern, Soja, Avocado	Unterstützt zusammen mit Vitamin D den Kalziumeinbau in die Knochen.

DIABETES VERMEIDEN

Beinahe jeder zehnte Erwachsene ist von Typ-2-Diabetes, das heißt der erworbenen Zuckerkrankheit, betroffen. Dabei wäre es so einfach: Mehr Bewegung und eine ausgewogene Ernährung können den Ausbruch der Erkrankung oft schon verhindern.

Meist kommt Diabetes nicht allein. Die Störung des Zuckerstoffwechsels erfolgt schleichend und Hand in Hand mit erhöhten Blutfettwerten, Bluthochdruck, Übergewicht und Störungen im Kohlenhydratstoffwechsel. Metabolisches Syndrom heißt die Diagnose bei den Ärzten.

Mit zunehmendem Alter steigt die Anfälligkeit für Typ-2-Diates, was man früher Alterszucker nannte. Bewegungsmangel und Überernährung sind die Hauptursachen, wobei allerdings auch Veranlagung eine gewisse Rolle spielen kann.

Beim Typ-1-Diabetes erzeugt die Bauchspeicheldrüse zu wenig oder gar kein Insulin, was genetische Ursachen haben kann. Bei 95 Prozent der Betroffenen handelt es sich aber um Typ-2-Diabetes, bei dem die Zellen nicht mehr auf das »Aufsperr-Hormon« Insulin reagieren. Es kommt zur Insulinresistenz, das heißt, der Zuckergehalt im Blut wird immer höher und vor allem den Muskelzellen und dem Gehirn fehlt Energie. Die Bauchspeicheldrüse erzeugt immer mehr Insulin, um Zucker doch noch in die Zellen zu schleusen, und macht früher oder später schlapp.

Forschung und Pharmaindustrie stellen sehr wirksame Medikamente her, die immer einfacher in der Handhabung werden. Das sollte aber nicht automatisch dazu führen, dass Betroffene ihren mitverursachenden Lebensstil beibehalten, weil man eh »spritzen« kann oder das Insulin durch eine automatische, App-betriebene Pumpe genau dosiert in die Blutbahn bekommt.

Ist Diabetes erst einmal diagnostiziert, gewöhnt man sich schnell an die Insulinspritze, die von manchen fast schon als Lifestyle-Utensil gehandhabt wird, damit weiter sorgenfrei Süßigkeiten, Sahnetorten und Fertigmahlzeiten gegessen werden können.

Lassen Sie es gar nicht erst soweit kommen! Kleine Veränderungen und Vorsichtsmaßnahmen in Ihrer täglichen Ernährung können geeignet sein, Sie schon vor Prädiabetes, dem Anfangsstadium, zu bewahren.

Tipps

- Vermeiden Sie Zucker, der schnell ins Blut übergeht: Honig, Sirup, Süßigkeiten, fertige Limonaden und Smoothies.
- Halbieren Sie die Portionen der Kohlenhydrat-Träger: Brot, Reis, Teigwaren und Kartoffeln.
- Nach kohlenhydratreichen Mahlzeiten hilft Essigwasser. Dadurch wird weniger Zucker ins Blut geschleust. Einfach 2 EL Bio-Essig in ein Glas Wasser rühren und in kleinen Schlucken trinken.
- Keine Süßstoffe! Das Gehirn bemerkt Süßes und will mehr, mehr, mehr! Vor allem ruft es nach echtem Zucker statt des Süßstoffs.
- Achten Sie auf zugesetzte Fruktose, die in allen möglichen industriell hergestellten Lebensmitteln vorkommt. In den Inhaltsangaben auf den Verpackungen versteckt sie sich in allen Zutaten, die auf -ose enden.
- Obst mit natürlicher Fruktose bleibt selbstverständlich gesund. Bei zu großen Mengen könnten Sie jedoch Probleme bekommen. Greifen Sie zu zuckerärmeren Obstsorten, genießen Sie die süßen Sorten in kleinen Mengen und naschen nur ein bisschen vom Trockenobst.

DEMENZ VORBEUGEN

Wie oft kommt es vor, dass einem ein Name nicht einfällt oder man vergessen hat, was man eigentlich im Keller wollte? Ist das schon beginnende Demenz, werden sich viele fragen? Mit zunehmendem Alter und zunehmenden Erkrankungen im Bekanntenkreis steigt die Beunruhigung, dass es einen selbst auch treffen könnte.

Die Forschung tappt immer noch zumindest im Halbdunkel, was Entstehung und Verlauf der Demenzerkrankungen anbelangt.

Recht gut bekannt sind hingegen die Risikofaktoren wie Schädigung der Blutgefäße, Bluthochdruck, hohe Blutfettwerte, Übergewicht, Diabetes – im Grunde genommen die üblichen Verdächtigen, die auch zu den anderen bekannten Wohlstandserkrankungen und multiplen Stoffwechselstörungen führen. Dass Alkohol und Nikotin sowie übermäßiger Medikamentenkonsum einer gesunden Hirnleistung im Alter abträglich sind, muss wohl nicht eigens erwähnt werden.

Ein gewisser Verlust der kognitiven Fähigkeiten ist einfach dem höheren Alter geschuldet. Genau wie Gelenke und Muskeln mit der Zeit in ihren Funktionen schwächer werden, trifft das auch auf das komplexe Gehirn zu. Sind von den 65-Jährigen etwa 2 Prozent erkrankt, findet man unter den 85-Jährigen bereits bei 30–50 Prozent Anzeichen für eine Demenzerkrankung.

Etwa 75 Liter Sauerstoff braucht unser Gehirn pro Tag, damit seine Zellen am Leben und alle Funktionen erhalten bleiben. Also raus an die frische Luft! Das wirkt auch gegen mangelnde Durchblutung, die ein wesentlicher Grund für die allmähliche Gefäßverkalkung auch im Gehirn ist.

Für ein gutes Gedächtnis und für mehr Konzentration kann man auch über die Ernährung einiges erreichen und damit unter Umständen kognitive Erkrankungen zumindest verzögern.

Wenn Sie bedenken, dass Ihr Gehirn hauptsächlich aus Fett, nämlich Omega-3-Fettsäuren, besteht, ist klar, dass das Gehirn diese braucht, um alle Funktionen gesund zu erhalten. Abgesehen davon, dass die Omega-3-Fettsäuren auch für viele andere Körperfunktionen eine Rolle spielen, halten sie das Amyloid-Protein im Blut niedrig, welches für die »Plaque«-Ablagerungen bei der Alzheimerkrankheit verantwortlich gemacht wird. Außer in fettem Fisch sind Omega-3-Fettsäuren in kaltgepressten pflanzlichen Ölen enthalten. Gut geeignet: kaltgepresstes Olivenöl, Rapsöl, Walnussöl und Leinöl – am besten täglich. Als weniger gut werden Sonnenblumenöl und Distelöl eingestuft. Das liegt an deren höherem Gehalt an Omega-6-Fettsäuren, die jedoch auch für den Organismus notwendig sind. Von den handelsüblichen Fischölkapseln wird von Ärzten und der Stiftung Warentest abgeraten. Eine ausgewogene Ernährung mit einer Handvoll Nüssen und 1–2 EL Pflanzenöl zusätzlich ist ausreichend. Zur ausgewogenen Ernährung gehört vor allem die Reduktion der Omega-6-Fettsäuren, die in Fertiggerichten und fetten Fleisch- und Wurstwaren enthalten sind. Das Verhältnis zwischen Omega-6 und Omega-3 sollte etwa 3:1 betragen, also maximal drei Teile Omega-6-Fettsäuren auf einen Teil Omega-3-Fettsäuren. In der durchschnittlichen Ernährung verzeichnet man aber bis zu 30 (!):1 , also viel zu hohe Omega-6-Fettsäurewerte. Das richtige Verhältnis ist damit völlig aus der Balance geraten.

Ihr Gehirn braucht auch unbedingt Jod, um weiter gut zu funktionieren. Verwenden Sie daher unbedingt jodiertes Salz und bedenken Sie, dass in Fertigprodukten nur billiges Salz ohne Jod verwendet wird.

Rezepte mit Zutaten, die gut für Ihr Gehirn sind, finden Sie unter dem Gehirn-Symbol.

In der folgenden Tabelle finden Sie Lebensmittel, die Gedächtnis und Konzentration erhalten und fördern können und auch sonst gut für Ihr Wohlbefinden sind.

DEMENZ VORBEUGEN

Äpfel

Schützen vor freien Radikalen, besonders durch den Wirkstoff Quercetin. 1–2 Äpfel pro Tag sollen das Risiko für Alzheimer und Parkinson deutlich senken. Quercetin ist auch enthalten in Brokkoli, Blumenkohl, Kapern, grünem Tee und Heidelbeeren.

Buchweizen

Ist zwar kein Weizen, sondern ein Knöterichgewächs, übertrifft aber mit seinen Inhaltsstoffen so manche Getreidesorte. Allein der hohe Gehalt an Lysin (ein Eiweißbaustoff) und Lecithin regt das Gehirn an und stärkt die Nerven. Rutin hält die Gefäße elastisch und 10 % hochwertiges Eiweiß fördern Fitness und geistige Leistungsfähigkeit.

Fisch

Fetter Fisch ist wegen der Omega-3-Fettsäuren und wegen seiner Proteine optimal für alle Funktionen im Körper und damit auch für das Gehirn. Wer frischen Fisch nicht mag, kann auch zu Konserven greifen (Sardinen, Thunfisch) und geräucherten Lachs oder Makrelen ab und zu auf den Teller bringen. Weitere gute Lieferanten sind Leinöl, Nussöl und Avocado.

Hafer

Ob Flocken, Kleie oder ganze Körner (ja, diese eignen sich auch gut für allerlei Zubereitungen): Bauen Sie ein Haferprodukt täglich in Ihren Speiseplan ein. Der Ballaststoff Beta-Glucan sorgt für einen funktionierenden Darm. Die B-Vitamine 1+6 sind wichtig für die Bildung von Botenstoffen im Gehirn. Über reichlich Silicium freuen sich Haare, Nägel und Knochen.

DEMENZ VORBEUGEN

Hirse

Hirse hat einen besonders hohen Anteil an Eisen, was zur Bildung von roten Blutkörperchen beiträgt. Das wiederum sorgt dafür, dass das Blut mit mehr Sauerstoff versorgt wird. Konzentration und Lernvermögen werden dadurch verbessert. Viel Magnesium (für Muskeln und Nervensystem), Kalzium (für Knochen und Zähne) und Silicium (für Haare und Nägel) machen die kleinen gelben Perlen zu einem Allrounder in der Ernährung. Essen Sie gleichzeitig mit Hirse etwas Vitamin C, das verbessert die Aufnahme der Mineralstoffe.

Kurkuma

Kurkumin, der gelbe Farbstoff im Curry, wird gegen vielerlei Beschwerden und Leiden angepriesen: stark gegen Entzündungen und Arthrose, gut bei Magen-Darm-Beschwerden. Die Wurzel soll auch bei Diabetes und Krebs helfen. Derzeit laufen auch einige viel versprechende Studien, dass Kurkuma die Hirnleistung verbessern und Alzheimerveränderungen verlangsamen könnte. Abgeraten wird jedoch davon, Kurkuma-Präparate einzunehmen, da es Wechselwirkungen mit Medikamenten gibt. Vorsicht auch bei Gallensteinen. Dennoch: Hin und wieder ein Currygericht oder eine wohltuende Golden Milk (Seite 198) sind unbedenklich. Die WHO* empfiehlt eine tägliche Höchstmenge von 3 g gemahlener Kurkuma.

Nüsse

Nüsse – allen voran Walnüsse mit ihrem gehirnähnlichem Aussehen – gelten als die Fitmacher fürs Gehirn. Mit nur 10 g pro Tag kann die kognitive Leistung bei Menschen über 60 um 60 % verbessert werden.** Das liegt vor allem an den gesunden Fetten, Proteinen und Ballaststoffen. Bringen Sie mit allerlei Nüssen Abwechslung in Ihre Müslis, Salate und Gemüsegerichte! Allergiker sollten vorsichtig sein mit den Nüssen. Bisweilen können Nüsse von Schimmelpilzen befallen sein. Dann riechen sie muffig, schmecken bitter und sollten sofort entsorgt werden.

DEMENZ VORBEUGEN

Selen

Kommt in der Nahrung zusammen mit Proteinen vor, zum Beispiel in Nüssen und da besonders in Paranüssen (3 Stück pro Tag sind genug). Selen wird für die Gluthathionperoxidase gebraucht. Das ist ein Enzym, welches im Körper und Gehirn die zellschädigenden Oxidantien unschädlich macht.

Soja

Reichlich Lecithin in Soja (und Nüssen) hält das Gehirn fit, wirkt vor allem gegen Konzentrationsschwäche und Stressanfälligkeit. Lecithin, ein Bestandteil des Gehirns und der Nervenzellen, wird allerdings in meist ausreichender Menge vom Körper selbst hergestellt. Viel Lecithin ist auch in Eiern, Fleisch, Fisch, Vollkornprodukten, Hülsenfrüchten und Nüssen.

* China Health Nutrition Survey, 2015, Carolina, USA.

** Prof. Dr. Sigrun Chrubasik-Hausmann, Uniklinik Freiburg. 2016 WHO, 2000. Evaluation of Certain Food Additives: 51st Report of the Joint FAO/WHO Expert Committee on Food Additives, WHO Technical Report Series 891, Geneva.

FRAUENGESUNDHEIT

In den Wechseljahren (Klimakterium) wird die Hormonproduktion allmählich heruntergefahren, die Eierstöcke gehen in den Ruhestand. Östrogen- und Progesteronspiegel sinken, der FSH-Wert (follikelstimulierendes Hormon) steigt hingegen an.

Nach den Wechseljahren, in der Menopause, produzieren die Eierstöcke nur noch ganz geringe Hormonmengen, vor allem DHEA (Dehydroepiandrosteron) und Testosteron, beides männliche Hormone, die im Fettgewebe zu einer Art Östrogen, dem Östron, umgewandelt werden.

Östrogene steuern aber nicht nur den weiblichen Zyklus, sie haben Einfluss auf viele andere Körperfunktionen. Zum Beispiel sind sie daran beteiligt, das »gute« HDL-Cholesterin zu steigern und das »böse« LDL-Cholesterin senken. Daher muss nach der Menopause (letzte Regelblutung) besonders auf die Gesundheit der Gefäße geachtet werden. Denn mit steigendem LDL-Cholesterin steigt vor allem das Risiko, an Arteriosklerose, umgangssprachlich Verkalkung, zu erkranken. Als hilfreich dagegen hat sich der der rote Pflanzenfarbstoff Lycopin erwiesen, der hauptsächlich in Tomaten enthalten ist.

Außerdem wirken Östrogene beim Einbau von Kalzium in die Knochen mit. Bei nachlassender oder versiegter Östrogenproduktion steigt daher bei Frauen das Risiko von Knochenbrüchen. Wenn das knochenschützende Hormon fehlt, kann der Verlust an Knochenmasse fünfmal so hoch sein wie bei Männern. Nahrungsmittel mit ausreichend Vitamin D und dem Einbaumineral Kalzium sind jetzt besonders wichtig. Nach Absprache mit Ihrer Ärztin sollte zusätzlich auch eine Substitution mit Vitamin D überlegt werden. Sie selbst können durch einige Lebensmittel und durch Spaziergänge oder Sport im Sonnenschein einiges zur Vitamin-D-Versorgung beitragen. Vitamin D finden Sie zum Beispiel in Eiern, fettem Fisch und Pilzen, besonders den Shiitake-Pilzen.

Mit der sogenannten Menopause beziehungsweise Postmenopause nimmt vieles ab, nur das Gewicht nicht. Das steigt – einer Untersuchung zufolge – jährlich um etwa 0,5 Kilogramm. Und das besonders am Bauch, weil der Testosteronspiegel im Verhältnis zum Östrogenspiegel immer höher wird. In erster Linie ist die Gewichtszunahme im Alter auf einen verlangsamten Stoffwechsel zurückzuführen. Dennoch können Phytoöstrogene in Sojaprodukten, Hülsenfrüchten und Leinsamen helfen, den Östrogenmangel auf natürliche Weise zu lindern.

Mit zunehmendem Alter kommt es, dass der Darm Eiweiß (Proteine) nicht mehr so gut aufnehmen kann. Studien haben ergeben, dass pflanzliche Proteine aus Getreide, Pseudogetreide, Nüssen und Samen gut geeignet sind, die Proteinversorgung im Alter zu sichern. Es wäre besser, statt der allgemein empfohlenen 0,8 g Eiweiß pro Kilogramm Körpergewicht 1 g zu sich zu nehmen. Das wirkt auch dem Muskelabbau entgegen und hilft bei der Zellregeneration. Im Rezeptteil finden Sie ab Seite 183 Anregungen, wie Sie Extra-Proteine, also Eiweiß, in Ihren Alltag bringen können.

In der folgenden Tabelle sind die wichtigsten Nährstoffe aufgelistet, was sie bewirken und in welchen Lebensmitteln sie enthalten sind. Diese Nährstoffe sollten aber nie einzeln betrachtet werden, denn sie wirken alle zusammen, manche unterstützen sich gegenseitig, andere wirken als Gegenspieler. Deshalb ist es schwierig bis unmöglich, alles, was eine abwechslungsreiche Ernährung vorgibt, in Pillenform nachzubilden. Essen Sie bunt und frisch, dann bekommt Ihr Organismus alle Bausteine, die er braucht, damit Sie sich auch ohne Hormone wohlfühlen.

DIE WICHTIGSTEN NÄHRSTOFFE FÜR FRAUEN			
	Enthalten in	**Wirksam für**	**Besonderes**
Allicin	Lauch, Zwiebeln, Knoblauch, Bärlauch	Senkt den Cholesterinspiegel, gut für Kreislauf, antibakteriell, hält Blutgefäße elastisch	Täglich 2 g roher Knoblauch können die Beschwerden bei nachlassender Östrogenproduktion mindern und damit auch zur Knochengesundheit beitragen.
Alpha-Linolensäure	Leinsamen, Leinöl, Walnüsse	Fördert den (Knochen-)Stoffwechsel, wirkt entzündungshemmend	Leinöl im Kühlschrank aufbewahren. Nicht mehr als 2 EL pro Tag, denn es kann Spuren von Blausäure enthalten. Linolensäure nicht verwechseln mit Linolsäure – Letztere gehört zur Familie der Omega-6-Fettsäuren.
Anthocyane	Blauer und violetter Pflanzenfarbstoff, zum Beispiel in Rotkohl, Auberginen, schwarzen Johannisbeeren, Brombeeren, Blaubeeren, Feigen	Gegen vorzeitige Hautalterung, gut gegen hohen Cholesterinspiegel, hält Blutgefäße fit	Anthocyane sind hitzeempfindlich, deshalb öfter roh essen – außer Auberginen, welche (geringe Mengen) giftiges Solanin enthalten.

DIE WICHTIGSTEN NÄHRSTOFFE FÜR FRAUEN

	Enthalten in	Wirksam für	Besonderes
Butyrat (Buttersäure)	Aus resistenter Stärke, die in gekochten Teigwaren, Reis und Kartoffeln entsteht	Für eine gesunde Darmschleimhaut, unterstützend bei Übergewicht und Insulinresistenz	Reis und Teigwaren können nach dem 24-stündigen Abkühlprozess portionsweise eingefroren werden. Kartoffeln sind dafür nicht geeignet, können aber 3–4 Tage zugedeckt im Kühlschrank warten.
Carotinoide (Beta-Carotin)	Gelber und orangefarbener Pflanzenfarbstoff, zum Beispiel in Möhren, Paprikaschoten, Aprikosen, Pfirsich, Melonen	Menopause, Verbesserung der Zellteilung	Carotinoide sind fettlöslich. Ihre Aufnahme wird durch Beigabe von etwas Öl verbessert.
Catechine	Kakao, grünem Tee und Matcha-Pulver, dunkler Schokolade	Insulin- und Hormonstoffwechsel, Fatburner zum Abnehmen, Anti-Aging	Grünen Tee können Sie trinken, so viel Ihnen schmeckt. Schokolade nur in Maßen, denn neben den Catechinen stecken auch viele Kalorien und Fette darin.

DIE WICHTIGSTEN NÄHRSTOFFE FÜR FRAUEN			
	Enthalten in	**Wirksam für**	**Besonderes**
Chlorophyll	Grüner Pflanzenfarbstoff, besonders in Spinat, Grünkohl, Brokkoli, Kräutern, Kiwi	Gut für den Hormonstoffwechsel in der Menopause, Blutbildung, gibt Energie und Lebenskraft	Am besten täglich einen grünen Smoothie, eine grüne Suppe oder zumindest eine grüne Gemüsezutat auf den Teller! Der grüne Wunderstoff steigert die Aufnahme von Eisen und Magnesium.
Curcumin	Kurkuma (Gelbwurz) frisch oder als Pulver, Curry, Senf	Entzündungshemmend, super für das Immunsystem, lindert Gelenkbeschwerden	Vorsicht vor Operationen wegen der blutverdünnenden Wirkung.
Gingerol	Gibt dem Ingwer seinen Geschmack und macht ihn scharf.	Gegen Entzündungen, Fatburner zum Abnehmen	Durch Kochen wird Ingwer milder, allerdings wird seine Wirkung dabei schwächer.
Inulin (Präbiotikum)	Chicorée, Artischocken, Lauch, Zwiebeln, Mais, Vollkorngetreide, Topinambur, Pastinaken	Super-Ballaststoff für den Darm mit wenig Kalorien; reguliert den Blutzuckerspiegel und hilft beim Abnehmen, erleichtert die Aufnahme von Kalzium	Topinambur wird wegen seines hohen Inulingehalts auch als Diabetiker-Kartoffel bezeichnet.

DIE WICHTIGSTEN NÄHRSTOFFE FÜR FRAUEN

	Enthalten in	Wirksam für	Besonderes
Isoflavone (Phytoöstrogene)	Sojaprodukten, Leinsamen, Hülsenfrüchten, Vollkorngetreide, Kichererbsen, Süßkartoffeln, Möhren, Knoblauch	Hormonstoffwechsel, Darmflora	Wegen der Östrogenwirkung Vorsicht bei Nahrungsergänzungsmitteln. Natürliche Quellen sind nach derzeitigem Wissensstand unbedenklich. Auf Bio-Erzeugung achten!
Kalzium	Milchprodukten, grünem Gemüse, Vollkorngetreide, Nüssen, Sesam, Feigen (frisch und getrocknet), Bananen	Das »Knochenmineral« aktiviert auch Hormone und Enzyme in der Menopause	Zu große Mengen an Kalzium sind nicht gut für das Herz-Kreislauf-System – daher Vorsicht bei Nahrungsergänzungsmitteln! Höhere Dosierung bei Osteoporose muss vom Arzt verordnet werden. Zu viele Milchprodukte, besonders Quark, können Magenbeschwerden auslösen. Keine Gefahr bei normaler Ernährung mit kalziumhaltigen Lebensmitteln.

DIE WICHTIGSTEN NÄHRSTOFFE FÜR FRAUEN

	Enthalten in	Wirksam für	Besonderes
L-Tryptophan	Ananas, Bananen, Walnüssen, Cashew, Kakao, Tomaten, Haferflocken, Quark, Soja, Linsen, Thunfisch	Antistress, kann Einschlafen fördern, macht gute Laune, hilft beim Abnehmen	Im Darm wird daraus Serotonin produziert – allerdings mithilfe von Zucker und Fett.
Lignane (Phytoöstrogen)	Leinsamen, Hülsenfrüchten, Vollkorngetreide, Buchweizen, Kichererbsen, Süßkartoffeln, Möhren, Knoblauch	Hormonstoffwechsel, Darmflora, verbessert Blutzucker- und Cholesterinwerte	Öl aus Leinsamen enthält kaum Lignane, dafür aber viele andere gute Stoffe, wie Aminosäuren, Linolensäure, Phosphor, Magnesium, Zink und einige B-Vitamine. Öfter mal Leinsamenschrot oder ganze Leinsamen verwenden.
Lycopin	Tomaten und Produkten daraus, Wassermelonen, rosa Grapefruits	Arteriosklerose, Knochenschwund in der Menopause, gut für eine schöne Haut	Olivenöl erhöht die antioxidative Wirksamkeit. Erwärmen erleichtert die Aufnahme.
Magnesium	Vollkornprodukten, Quinoa, Mandeln, Kürbis- und Sonnenblumenkernen, Trockenfrüchten, Hülsenfrüchten	Antistress, beruhigt Nerven und Muskelzellen, verbessert Konzentration, Anti-Aging	Magnesiummangel soll Hungerattacken auslösen. Zur Anregung der DHEA-Produktion vor dem Schlafengehen am wirkungsvollsten.

DIE WICHTIGSTEN NÄHRSTOFFE FÜR FRAUEN			
	Enthalten in	**Wirksam für**	**Besonderes**
Omega-3-Fettsäuren	Fettem Fisch (Wildfang oder Bio), einige Pflanzenöle (besonders Leinöl, Chiaöl, Nussöle), Avocado	Schmiermittel für den Stoffwechsel; halten die Zellen geschmeidig, beteiligt an der Hormonproduktion	Von den handelsüblichen Fischölkapseln wird von Ärzten und der Stiftung Warentest abgeraten. Eine ausgewogene Ernährung mit ein paar Nüssen zusätzlich genügt.
Phenolsäure	Kaffee, Datteln	Menopause, Antioxidans, entzündungshemmend	Mehr als 4–5 Tassen Kaffee können den Magen reizen.
Phytosterine	Kreuzkümmel, Sonnenblumenkernen, Sesam, nativen Pflanzenölen, Oliven	Gegen hohen LDL-Cholesterinspiegel, gegen Fettpölsterchen	Manche Lebensmittel werden mit Phytosterinen angereichert, Gefahr einer Überversorgung jedoch gering.
Präbiotika	Vollkorn, Hülsenfrüchten, Lauch, Zwiebeln, Chicorée, Bananen (unreif)	Menopause, für Kalziumaufnahme, helfen beim Abnehmen	Lieblingsfutter der guten Darmbakterien.

DIE WICHTIGSTEN NÄHRSTOFFE FÜR FRAUEN

	Enthalten in	Wirksam für	Besonderes
Probiotika	Mikroorganismen in Hefe, Sauerkraut (roh), Roter Bete, Joghurt, Kefir, Käse	Stärken das Immunsystem, sorgen für eine gesunde Darmflora	Nur 10–40 % der Probiotika gelangen bis in den Dickdarm. Der Rest wird auf dem Weg dorthin von Magen- und Gallensäften zerstört. Dennoch: Auch wenige Probiotika unterstützen die bereits vorhandenen guten Bakterien im Dickdarm.
Resveratrol	Himbeeren, roten Weintrauben, Pflaumen, Erdnüssen, Rotwein	Insulinstoffwechsel, Menopause, gut für Herz und Ausdauer, Anti-Aging	Hemmt die Testosteronproduktion bei Frauen und bringt so das noch vorhandene Östrogen in den Vordergrund.
Saponine	Bohnen, Soja, Kichererbsen, Spinat, Erdnüssen	Hormonstimulierend, Menopause, gegen Entzündungen	Zu viel Lakritz, worin ebenfalls Saponine enthalten sind, kann Herzrhythmusstörungen auslösen.

DIE WICHTIGSTEN NÄHRSTOFFE FÜR FRAUEN

	Enthalten in	Wirksam für	Besonderes
Selen	Paranüssen, Kohl, Hülsenfrüchten, Eiern, Fisch	Das Halbmetall aktiviert die Schilddrüsenhormone, ist an der Bildung vieler Enzyme beteiligt und stärkt das Immunsystem; Haare, Leber, Herz und Augen profitieren von Selen	3 Paranüsse täglich reichen aus, um die Versorgung zu sichern. Nicht übertreiben, kann zu Vergiftungen führen.
Spermidin	Vollkorn, Weizenkeimen, Hülsenfrüchten, Pilzen, Erbsen, gereiftem Käse	Hormonstoffwechsel, Gedächtnis, Anti-Aging	Hilft beim Intervallfasten, die Autophagie in Gang zu setzen, wodurch schadhafte Zellen recycelt werden. Zum Nahrungsergänzungsmittel Spermidin gibt es noch keine ausreichenden Studien.
Sulphoraphan	Der sekundäre Pflanzenstoff sorgt mit seinen schwefelhaltigen Verbindungen für den scharf-bitteren Geschmack bei allen Kohlsorten, Rettich, Radieschen, Kresse oder Senf	Menopause, gegen Entzündungen, gut für die Leber bei Entgiftung, antibakteriell	Durch Kochen verringert sich der Gehalt um etwa ein Drittel. Deshalb öfter mal – auch Kohl – roh essen.

MÄNNERGESUNDHEIT

Was für Frauen das Hormon Östrogen, ist bei Männern das Testosteron. Mit zunehmendem Alter sinkt auch hier die Produktion – allerdings sehr viel langsamer, eher schleichend, dafür aber schon ab etwa dem 30. Lebensjahr. Wie bei Frauen kann es dadurch zu einigen hormonell bedingten Veränderungen und Beschwerden wie Gelenkschmerzen, Knochen- und Muskelschwund oder Gewichtszunahme kommen – muss aber nicht. Manche Männer haben bis ins hohe Alter keine auf den Hormonspiegel zurückzuführenden Beschwerden.

Das männliche Sexualhormon ist nicht nur für die Produktion von Spermien und den Sexualtrieb zuständig. Es wird auch gebraucht für die Bildung von roten Blutkörperchen, hat Einfluss auf Muskelmasse, Knochendichte, den Stoffwechsel und die Verteilung von Körperfett.

Auch wenn bei Ihnen noch keine Diagnose zu Testosteronmangel (Hypogonadismus) vorliegt, können Sie doch einiges tun, um möglichen Beschwerden vorzubeugen. Sport zum Beispiel kann die Testosteronproduktion steigern, weniger Alkohol regt die Produktion von Sexualhormonen an. Normalgewicht trägt ebenfalls zur Produktion von Testosteron bei und wirkt sich auf den gesamten Organismus aus. Guter Schlaf, weniger Stress, gute Ernährung – also alles, was man allgemein unter gesunder Lebensführung versteht.

Bevor »Mann« zu den zahlreich angebotenen Nahrungsergänzungsmitteln greift, sollte ein auf Männergesundheit spezialisierter Arzt entscheiden, ob eine Hormonersatztherapie notwendig ist. Auch frei erhältliche pflanzliche Mittel wie Johanniskraut, Teufelskralle oder Baldrian sollten nicht ohne gesicherte Diagnose über einen längeren Zeitraum eingenommen werden.

Im Alter sinkt auch die Produktion des Wachstumshormons Somatropin, was Muskel- und Knochenmasse verringern kann. Auch die Melatoninproduktion geht zurück (man braucht weniger Schlaf) und der DHEA-Spiegel (Power- und Anti-Aging-Hormon) nimmt ab, was den Fettstoffwechsel beeinflusst.

Nicht zuletzt kommen im männlichen Körper auch Östrogene vor, etwa ein Zehntel der Menge wie bei Frauen. Mit zunehmendem Alter und Nachlassen der Testosteronproduktion kann bei Männern der Östrogenspiegel ansteigen. Dann wirken diese »weiblichen« Hormone auf den Knochenstoffwechsel positiv, auf die Fettstoffwechsel und die Fettverteilung eher negativ.

Auch Männer sollten auf eine angepasste Ernährung achten, wenn der Körper altert: Die Sinnesorgane lassen nach, Gehirn und Nervensystem sind betroffen, die Verdauung schwächelt und Knochen und Körperzusammensetzung verändern sich. Lässt man das alles einfach geschehen, entwickeln sich ernsthafte Mängel.

Die Rezepte in diesem Buch sind gleichermaßen für Frauen und Männer gedacht, denn es kommt für alle auf die Nährstoffdichte an, auf einen hohen Proteingehalt, wenig Zucker und gesunde Fette. Die schwerwiegenden gesundheitlichen Probleme betreffen alle Geschlechter: Demenzrisiko, Arteriosklerose, Herz-Kreislauf-Erkrankungen, Darmschwäche, Fettleber und nachlassende Knochenstärke.

Einige Inhaltsstoffe oder Nahrungsmittel aber gibt es, die besonders für Männer bedeutend sein können:

Wichtige Nahrungsmittel und Inhaltsstoffe für Männer

- Quercetin, der gelbe Pflanzenfarbstoff in Äpfeln, Tee, roten Weintrauben, Kirschen, Beerenobst und Brokkoli, soll die Hoden vor Umweltgiften schützen.
- Senföle, enthalten in allen Kohlsorten, Radieschen, Rettich und Kresse, sollen Prostatakrebs vorbeugen.
- Auch Tofu, Sojabohnenkeimlinge und Sojaöl mit den enthaltenen Phytoöstrogenen könnten vor Prostatakrebs schützen.
- Ein Mangel an Zink wird mit männlichem Haarausfall in Verbindung gebracht. Dagegen könnten Hartkäse, Haferflocken, Nüsse und Hülsenfrüchte helfen – besonders wenn diese mit Vitamin C kombiniert werden.
- Kürbiskerne werden schon immer für die Prostatagesundheit empfohlen. Die Studienlage dazu ist dünn, Kürbiskerne sind aber trotzdem sehr gesund: Sie enthalten Magnesium, Eisen, Zink, B- und C-Vitamine und außerdem Omega-3-Fettsäuren.
- Testosteron könnte gefördert werden durch Zwiebelsaft oder rohe Zwiebeln (beispielsweise im Salat), Knoblauch, »gute« Fette wie kaltgepresste Pflanzenöle, Paranüsse sowie Haferflocken.
- Dass Petersilie, Sellerie und Spargel die Männlichkeit stärken, gehört genauso ins Reich der Märchen wie die Behauptung, durch Ananassaft würde das Sperma süßer.

VORSICHT FETTLEBER!

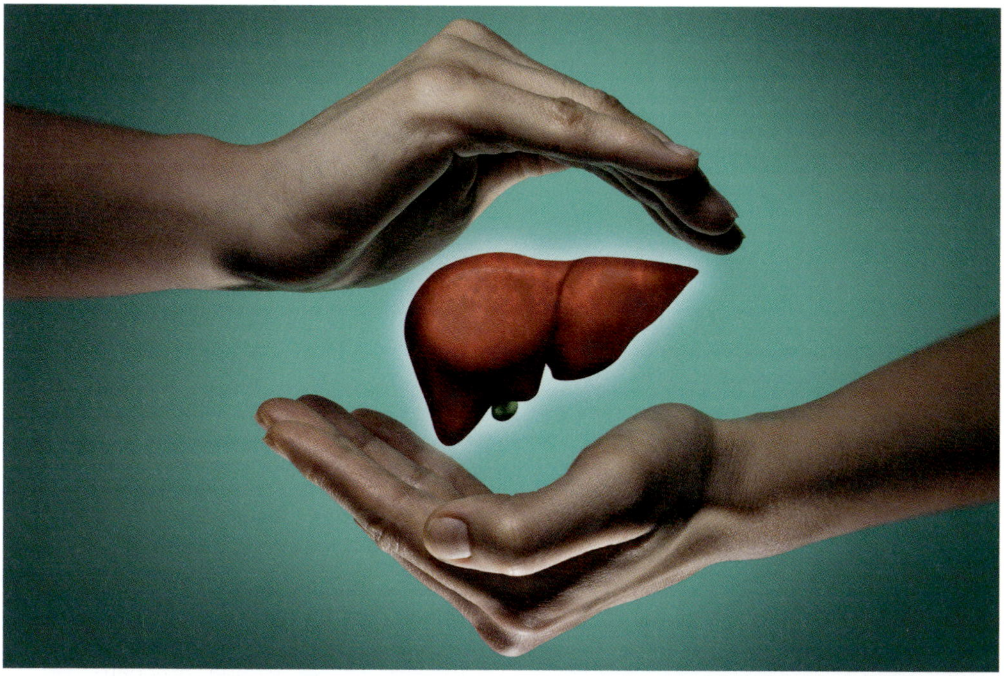

Unsere Leber baut die Bestandteile unserer Nahrung in diejenigen Stoffe um, die gerade gebraucht werden. Zum Beispiel wird Glukose (Zucker) als Glykogen eingelagert. Wenn der Blutzuckerspiegel sinkt, wird die Glukose wieder aktiviert und in den Blutkreislauf geschickt. Die Leber kann bei Bedarf auch Proteine (Eiweiß) in Zucker umbauen oder Glukose in Fett verwandeln.

Genau diese Umwandlung von Glukose in Fett wird zum Problem, wenn wir zu viel Glukose, das heißt nicht nur Zucker, sondern Kohlenhydrate in jeder Form, zu uns nehmen. Eine besondere Rolle spielt dabei die Isoglukose, eine Mischung aus Glukose- und Fruktosesirup, die in industriell hergestellten Süßspeisen und -getränken wie Smoothies und Limonaden verwendet wird. Fruktose wird auch Fertiggerichten zugesetzt, dazu kommt noch ein Übermaß an gesättigten Fettsäuren in industriell hergestelltem Essen.

Fruktose, der Zucker im eigentlich gesunden Obst, wird zum Leberrisiko, wenn »flüssiges Obst« im Übermaß genossen wird. Süße Smoothies und auch frisch gepresste Fruchtgetränke sind keine Durstlöscher! Sie sollten mit Bedacht getrunken werden. Besser, man isst das Obst, damit bekommt man auch all die Ballaststoffe mit, die ansonsten als Trester im Müll landen. Ein Beispiel: 1 Apfel von ca. 100 g ent-

hält 6 g Glukose. 100 ml frisch gepresster Apfelsaft haben einen Fruktoseanteil von ca. 5,3 g. In der Regel werden aber 250 ml Apfelsaft getrunken – das sind dann schon mehr als 13 g Fruktose von den täglich empfohlenen 50 g.

Es ist also nicht der regelmäßige Alkoholkonsum, wie man im Allgemeinen meint, der zur Fettleber führt. Die Ursache ist bei zwei Dritteln aller diagnostizierten Fettlebern eine falsche Ernährung mit zu viel Zucker in Form von Glukose und Fruktose, zu vielen Kohlenhydraten und schlechten Fetten. Die Medizin unterscheidet zwischen alkoholischer und nicht-alkoholischer Fettleber. Obwohl die Auswirkungen dieselben sind: Die Leber arbeitet nicht mehr richtig und kann, weil sie entweder mit dem Abbau von Alkohol oder mit der Verarbeitung überschüssiger Glukose und Fruktose beschäftig ist, die lebenswichtigen Aufgaben nicht mehr in vollem Umfang ausführen.

Es gibt derzeit noch keine Medikamente, die das in der Leber angesammelte Fett abbauen. Da aber die Risikofaktoren für die Entstehung einer Fettleber bekannt sind, können Sie viel dafür tun, dass es erst gar nicht so weit kommt: abnehmen (bereits fünf Prozent Gewichtsverlust helfen!), wenig Alkohol trinken, mehr Bewegung, ausreichend schlafen, weniger Stress, gezielte Ernährung und gegebenenfalls ausgewählte Nahrungsergänzungen.

10 Maßnahmen für eine gesunde Leber

1. Essen Sie eher weniger als zu viel, auch wenn Sie Normalgewicht haben. Das bedeutet Urlaub für Darm und Leber.
2. Essen Sie wenig Fleisch und wenn, dann von Tieren aus artgerechter Haltung. Deren Fleisch enthält mehr Omega-3-Fettsäure.
3. Nehmen Sie gute kaltgepresste Öle wie Olivenöl, Lein- und Nussöle – aber in Maßen.
4. Essen Sie viel Gemüse, besonders grünes.
5. Gewöhnen Sie sich an den Geschmack von Bitterstoffen. Sie sind ein Elixier für Ihre Leber. (Mehr über Bitterstoffe auf Seite 214.)
6. Essen Sie »grünes Protein«, also pflanzliches Eiweiß, in Form von Hülsenfrüchten, Hafer, Pilzen und Nüssen.
7. Achten Sie auf viele Ballaststoffe. Dabei hilft Ihnen das »Bal« bei den Rezepten. 30 g täglich sollten es sein.
8. Obst sollten Sie essen, aber in Maßen. Besser nur morgens und mittags und als Obst in Stücken, nicht als Getränk.
9. Essen Sie öfter mal Haferflocken. Diese enthalten Beta-Glucan, ein Stoff, den Ihre Leber besonders liebt.
10. Auf besonders Schädliches verzichten: Alkohol, Süßes, Fast Food, industriell hergestelltes Essen, Medikamente (wenn verzichtbar), Nikotin.

VORSICHT DIVERTIKULITIS!

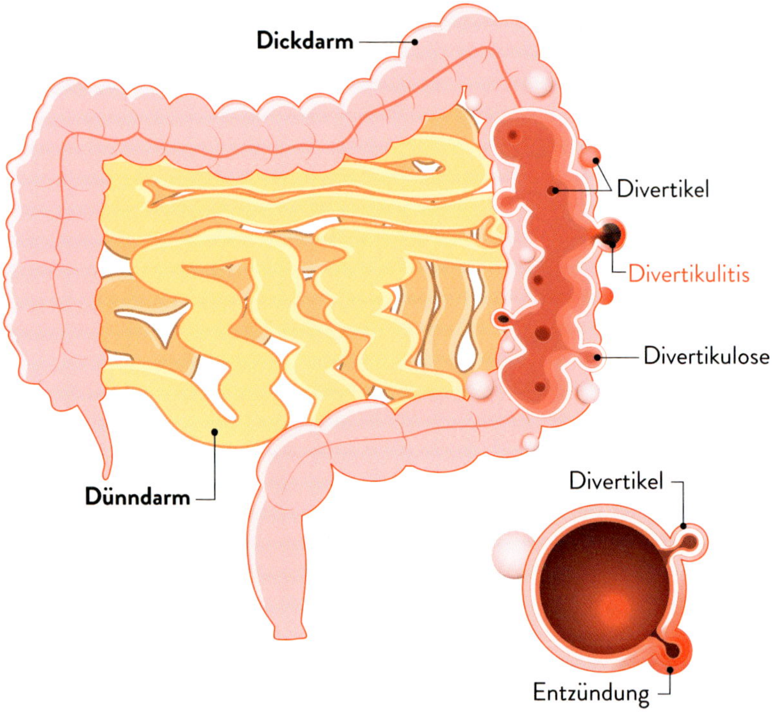

Je älter man wird, desto häufiger entstehen Divertikel am Darm. Das sind Ausstülpungen der Darmschleimhaut. Die Darminnenwand wölbt sich durch Druck und weil das Bindegewebe schwach geworden ist, nach außen. Das macht keine Beschwerden, wird zufällig bei Darmspiegelungen erkannt und kommt bei etwa 50 Prozent der über 60-Jährigen vor. In der Fachsprache wird das Divertikulose genannt. Erst wenn diese Ausstülpungen Beschwerden mit sich bringen wie zum Beispiel starke Blähungen, Verstopfung und leichte Schmerzen im – meistens linken – Bauchraum, spricht man von Divertikelkrankheit. Entzünden sich die Divertikel und verursachen erhebliche Schmerzen, oft begleitet von Fieber, hat man die mitunter lebensgefährliche Divertikulitis. Davon sind etwa 10 bis 20 Prozent der Frauen und Männer über 60 betroffen.

Die häufigste Ursache ist chronische Verstopfung, denn dabei herrscht ständig ein zu hoher Druck im Dickdarm, welcher verhärtete Stuhlpartikel in die Aussackungen (Divertikel) presst. Hervorgerufen wird die Verstopfung fast immer durch eine Ernährung, in der die Ballaststoffe fehlen. Zu wenig Gemüse, Obst und Vollkornprodukte und zu viel rotes Fleisch und Fast Food begünstigen die Divertikulose und in der möglichen Folge die Divertikulitis.

Dazu kommen noch Bewegungsmangel und Übergewicht. Die Darmerkrankung hängt also auch mit unserem Lebensstil zusammen.

Spätestens wenn Divertikel an der Darmwand diagnostiziert werden, sollte an eine gezielte Ernährung gedacht werden, um ein Fortschreiten bis hin zu Entzündungen und lebensgefährlichem Darmdurchbruch zu vermeiden. Besser wäre es freilich, sich auch ohne Ursache ballaststoffreich zu ernähren.

30 g Ballaststoffe pro Tag wären ideal. Dazu finden Sie bei den Rezepten die Angaben, wie viele Gramm Ballaststoffe jeweils enthalten sind.

Wenn Sie bislang Vollwertkost verschmäht haben, sollten Sie sich langsam an die Zufuhr von Ballaststoffen herantasten – in der ersten Woche nur 10 g zusätzlich, vielleicht als Haferflocken oder Chiasamen, dann langsam steigern, bis Sie 30 g in Ihre tägliche Ernährung eingebaut haben. Wichtig, wenn Sie ballaststoffreich essen: ausreichend trinken, denn zum Quellen brauchen die Ballaststoffe viel Flüssigkeit. Andernfalls würde die Verstopfung verschlimmert!

Damit es einfacher für Sie wird, sind in der folgenden Tabelle die wichtigsten Ballaststoff-Booster aufgelistet und beschrieben, was Sie damit machen können.

BALLASTSTOFF-BOOSTER			
	Besonders beachten	**Zusätzliche Inhaltsstoffe**	**Wie verwenden**
Chiasamen 	Anfangs nicht zu viel davon. Am besten in Flüssigkeit vorquellen lassen, zum Beispiel in der Müslimilch oder Suppe. Nicht mehr als 15 g täglich rät die DGE*, während die amerikanischen Gesundheitsbehörden auch 48 g zulassen.	Viel Calcium (5-mal so viel wie Milch!) für die Knochen, reichlich Spurenelemente Zink, Kupfer und Mangan.	Schmecken recht neutral und passen daher geschmacklich überall dazu. Eignen sich auch für Pudding und zur Marmeladenherstellung.
Dinkelkleie 	Dinkel enthält weniger Allergene als Weizen oder Weizenkleie.	Viel Eiweiß. Vitamin B_1 (Thiamin) für Nerven und Herz. Eisen (+ Vitamin C) ist für Vegetarier und Veganer besonders wichtig, da es sonst hauptsächlich in Fleisch vorkommt.	Gut in Joghurt, Smoothies und Suppen. Beim Backen: 10 % des Mehls durch Kleie ersetzen. Ganze Körner können ähnlich wie Risotto oder als Beilage zubereitet werden.
Erdmandelflocken 	Sind nicht nur super ballaststoffreich, sondern auch glutenfrei, schmecken leicht süßlich. Enthalten das darmfreundliche Butyrat (Buttersäure), begehrter Nährstoff für Ihre guten Darmbakterien.	Reich an ungesättigten (62 %), mehrfach ungesättigten (18 %) Fettsäuren und 8 g Eiweiß pro 100 g. Mehr Vitamin E als Olivenöl! Außerdem: Kalium, Magnesium, Kalzium und Phosphor.	Ideal, um Ihre Müslis aufzupeppen. Geröstet, gekocht oder roh ein ideales Topping auch für Salate. Mit Milch vermixt erhalten Sie Chufa, das Erfrischungsgetränk, das es in Spanien an jeder Straßenecke gibt.

BALLASTSTOFF-BOOSTER

	Besonders beachten	Zusätzliche Inhaltsstoffe	Wie verwenden
Flohsamenschalen 	Weltmeister beim Quellen! Führen eher selten zu Blähungen. Bis zu 15 g täglich sehr gut verträglich. Mehr können abführend wirken, was aber bisweilen auch erwünscht ist. Besonders wirksam ist das fein gemahlene Pulver, das jede Menge Schleimstoffe zum Schutz der Darmwand produziert.	An zusätzlichen Nährstoffen haben Flohsamenschalen wenig zu bieten – aber die 84 g Ballaststoffe machen schon genug her.	Neutraler Geschmack. Gut für Overnight-Oats und andere Müslizubereitungen. In Wasser eingeweicht entsteht ein Gel, womit man Soßen eindicken und Marmeladen kochen kann. Das Gel wird auch als Ei-Ersatz in der veganen Küche verwendet.
Haferflocken 	Ballaststoffe sind nicht alle gleich. Bei Haferflocken steht der Stoff Beta-Glucan im Vordergrund, der die Darmschleimhaut besonders schützt. Deshalb werden die Flocken in kleinen Mengen und gut gekocht auch als »Haferschleim« bei Magen-Darm-Erkrankungen eingesetzt.	Wichtige Vitamine aus der B-Gruppe und Vitamin K, dazu noch die Mineralstoffe Magnesium, Phosphor, Eisen und Zink – alles Vitalstoffe (nicht nur) für Menschen über 60.	Egal ob zart oder kernig, grob oder fein (die Handelsbezeichnungen sind unterschiedlich), alle passen in Müslis, Smoothies, können in Suppen und Eintöpfen versteckt und – geröstet – auch auf Salate gestreut werden.

* Deutsche Gesellschaft für Ernährung, Bonn.

BALLASTSTOFF-BOOSTER			
	Besonders beachten	**Zusätzliche Inhaltsstoffe**	**Wie verwenden**
Haferkleie 	Das Verhältnis von unlöslichen zu löslichen Ballaststoffen ist bei Haferkleie viel besser als bei Weizenkleie, was das Haferprodukt auch bekömmlicher macht.	In den Randschichten des gemahlenen Korns stecken jede Menge Vitamine und Mineralstoffe: B1, B2 und B5, Magnesium, Eisen, Zink, Mangan und Selen.	Soßen, Bratlinge oder Gemüsepuffer binden, beim Backen 1/3 der Mehlmenge durch Haferkleie ersetzen oder einfach mit ein paar Früchten in Joghurt rühren.
Leinsamen 	Ganze Leinsamen nicht mit Milch zusammen verzehren – sie verlieren die Quellfähigkeit. Leinsamen enthalten natürliches Cyanid, 15 g pro Mahlzeit werden vom Bundesinstitut für Risikobewertung aber als unbedenklich eingestuft.	23 % Omega-3-Fettsäuren! Und 6 % Omega-6-Fettsäuren. Ein günstigeres Verhältnis gibt es nicht! Dazu noch Magnesium und Zink.	Der leicht nussige Geschmack passt gut in Bratlinge. Wer ganze Körner ablehnt, nimmt die geschrotete Variante.
Leinsamenschrot 	Erst zerkleinert kann Leinsamen seine Wirkung voll entfalten. Ganze Samen passieren den Darm und regen »nur« die Verdauung an.	Quillt im Darm auf und bildet einen schützenden Film. Geschrotete Leinsamen waren schon immer ein Hausmittel gegen Verstopfungen.	Ideal wäre, die Samen erst kurz vor ihrer Verwendung in einem Universalzerkleinerer oder Mörser frisch zu schroten. Durch den hohen Fettgehalt kann der Schrot schnell ranzig werden.

BALLASTSTOFF-BOOSTER

	Besonders beachten	Zusätzliche Inhaltsstoffe	Wie verwenden
Weizenkleie 	Verwenden Sie Weizenkleie erst, wenn sich Ihr Darm an reichlich Ballaststoffe gewöhnt hat. Weizenkleie besteht zu 45 % aus unlöslichen Ballaststoffen und hat nur wenige lösliche mit den präbiotischen Wirkungen. Ein empfindlicher Darm kann darauf mit starken Blähungen reagieren.	B-Vitamine, Kupfer, Zink, Magnesium, Phosphor und Mangan. Für Vegetarier und Veganer ist der hohe Eisengehalt von Bedeutung.	Zur besseren Verträglichkeit zuvor in Wasser quellen lassen. Gut geeignet als Beimischung in Brot, Gebäck und Haferporridge.

ZUM UMGANG MIT DIESEM BUCH

Zusätzlich zu den üblichen Nährwertangaben sind auch die Ballaststoffe berechnet, damit Sie sich einen Überblick über diesen wichtigen Bestandteil der Ernährung verschaffen können. Denn zu wenig Ballaststoffe sind mitverantwortlich für Darmprobleme, die sich auf den ganzen Organismus auswirken können.

Achten Sie bitte darauf, für wie viele Portionen das jeweilige Rezept konzipiert ist. Bei den meisten Rezepten sind zwei Portionen angegeben. Einige eignen sich gut zum Einfrieren, davon gibt es dann vier Portionen, andere Rezepte können Sie bei Bedarf entsprechend multiplizieren.

Gemüse wird, außer wenn es angebraten wird, gedämpft, da beim Kochen in Wasser, das danach weggeschüttet wird, zu viele der wertvollen Inhaltstoffe verloren gehen. Man verwendet dafür einen sogenannten Dampfgareinsatz, auch als Gemüsedämpfer oder Dämpfkorb im Handel. Er passt sich der Topfgröße an und wird in Aluminium oder Kunststoff für wenig Geld in Kaufhäusern, Supermärkten und Internet angeboten.

Die **Backzeiten** können je nach Hersteller Ihres Backofens variieren. Bei der Verwendung von Gasherden informieren Sie sich bitte in der Gebrauchsanleitung des Herstellers.

Nützlich für Smoothies ist ein **Smoothiemaker,** den gibt es schon ab ca. 20 Euro. Zum Pürieren von Suppen ist ein **Standmixer** von Vorteil. Sie können aber auch mit einem **Pürierstab** (Stabmixer, Zauberstab) arbeiten – damit dauert es nur etwas länger.

Da einige **grundsätzliche Dinge** für alle Rezepte gelten, gibt es hier eine kleine Zusammenfassung:

- Bei Milch, Joghurt oder Quark werden immer die fettreduzierten Varianten mit ca. 1,5 % (10 % oder 20 % bei Quark) Fett vorgeschlagen. Sie können aber auch gerne Vollmilchprodukte verwenden, wenn Ihnen das besser schmeckt. Deren Gehalt an Vitamin A, E und D ist etwas höher. Wählen Sie jedoch bevorzugt Frischmilch, homogenisierte Milch hat fast keine Vitamine mehr.
- Die Mengenangaben bei Gemüse und Obst beziehen sich auf ungeputzte Ware, sofern nichts anderes angegeben ist.
- Mit Zwiebel ist ein Exemplar von zirka 100 g gemeint. Kleine Zwiebeln wiegen etwa 75 g, große Zwiebeln 150 g.
- 1 EL Öl schlägt bei den Nährwertberechnungen mit 15 g zu Buche, 1 TL mit 5 g.
- 1 Banane hat geschält etwa 100 g.

- Paprikaschoten, wovon Sie viel essen können, dürfen immer groß sein und ca. 250 g wiegen.
- 1 Stängel Lauchzwiebel wiegt etwa 25 g. 4 Stängel können durch eine Zwiebel ersetzt werden.
- 1 Stängel Petersilie wird mit 10 g berechnet und entspricht etwa 1 EL TK-Petersilie.
- Als Basis für Suppen oder Eintöpfe wird Gemüsebrühe als Fertigprodukt verwendet. Bevorzugen Sie bitte ein Bio-Produkt ohne Hefe, Zucker und sonstige Zusatzstoffe. Dieses bekommen Sie auch in Supermärkten. Für 250 ml Wasser benötigen Sie etwa 10 g Pulver – das entspricht 1 gehäuften TL.
- Für Salate wird fast immer Apfelessig genutzt, da dieser als sehr bekömmlich und gesund gilt. Sie können gerne andere Sorten nach Ihren Vorlieben verwenden.
- Bei Ölen ist die kaltgepresste Variante angegeben. Diese wird bei geringer Hitze und ohne Chemikalien schonend hergestellt. So bleiben Vitamine und ungesättigte Fettsäuren erhalten. Zum starken Erhitzen sind sie allerdings weniger geeignet, daher wird bei den Rezepten immer mild erhitzt.

Bei jedem Rezept finden Sie ausführliche Nährwertangaben. Kcal steht hierbei für Kalorien, E für Eiweiß, F für Fett, KH für Kohlenhydrate und Bal für die Ballaststoffe. Alle Nährwerte in den Rezepten und Tabellen sind mit dem Rezeptrechner PRO by Choose your Level (www.rezeptrechner.de) berechnet.

Zusätzlich sind die Rezepte verschiedenen Kategorien zugeordnet. Damit sehen Sie auf den ersten Blick, wofür die Zutaten in den Gerichten besonders gut sind.

Viele Proteine (mehr als 10 g pro Portion)

Gut für das Gehirn

Gut für Herz und Blutgefäße

Gut für die Knochen

Vegetarisch

Unter Verwendung von Konserven, Tiefkühl- und Fertigprodukten

Abkürzungen:

- TK – Tiefkühlkost
- EL – Esslöffel
- TL – Teelöffel
- ml – Milliliter
- l – Liter
- Msp. – Messerspitze
- Pck. – Päckchen

START IN DEN TAG

Ballaststoffreich zum Frühstück

Ballaststoffe, wie sie in Haferflocken, Hirse oder Quinoa enthalten sind, sorgen morgens schon dafür, dass Ihr Stoffwechsel in Schwung kommt.

Die Zuckerwerte mögen bei manchen Rezepten zwar hoch erscheinen – aber das zugefügte Obst enthält nun mal je nach Sorte mehr oder weniger Fruchtzucker. Dabei hat aber gerade Beerenobst viele wichtige Mikronährstoffe, die Herz, Gehirn und Knochen brauchen. Der weiße Haushaltszucker wird auf jeden Fall immer weggelassen.

Die Kalorienbringer Haferflocken, Leinsamen und Nüsse machen keinesfalls dick – im Gegenteil: Sie helfen beim Abnehmen. Ein Teil der Kohlenhydrate besteht nämlich aus unverdaulichen Ballaststoffen, die lange satt machen, sodass Sie bis Mittag eigentlich keinen Hunger verspüren sollten. Ballaststoffe sind super für die Darmflora, sie hemmen die Fettspeicherung und verhindern hohe Blutzuckerwerte.

Da wir laut Deutscher Gesellschaft für Ernährung (DGE) ohnehin deutlich weniger als die empfohlenen 30 g Ballaststoffe täglich zu uns nehmen, wäre es angebracht, gleich morgens damit anzufangen. Wenn Sie allerdings morgens noch nicht essen wollen, weil Sie vielleicht in Eile oder noch nicht hungrig sind oder weil Sie gerade das Intervallfasten praktizieren und erst gegen Mittag Ihre erste Mahlzeit eingeplant haben: Das ein oder andere der folgenden Frühstücksrezepte kann auch gut als Lunch oder Nachtisch gegessen werden.

HÜTTENKÄSE MIT ERDBEEREN UND BANANE

Für 2 Portionen
Pro Portion: 287 kcal / 15,8 g E / 13,1 g F / 24,7 g KH / 3,8 g Bal

ZUTATEN

200 g Erdbeeren
1 kleine Banane
10 Walnusshälften (ca. 25 g)
150 g fettarmer Naturjoghurt (1,5 % Fett)
150 g Hüttenkäse
frische Minze nach Belieben

1. Die Erdbeeren behutsam waschen, entstielen und in Spalten schneiden. Die Banane schälen und in Scheiben schneiden. Die Walnusshälften grob oder fein hacken.
2. Joghurt auf zwei tiefe Teller verteilen. Das Obst und den Hüttenkäse darauf geben.
3. Mit Nüssen und – nach Belieben – frischer Minze bestreuen.

HAFER-PORRIDGE MIT BIRNEN UND MANDELN

Für 2 Portionen
Pro Portion: 361 kcal / 14,3 g E / 11,2 g F / 47,8 g KH / 5,8 g Bal

ZUTATEN

- 200 ml fettarme Milch (1,5 % Fett)
- Salz
- 50 g feine oder kernige Bio-Haferflocken
- 2 EL Rosinen (ca. 30 g)
- ½ TL gemahlener Zimt
- 1 Birne (ca. 150 g)
- 2 EL ungeschälte Bio-Mandeln (ca. 20 g)
- 100 ml fettarmer Naturjoghurt (1,5 % Fett)
- etwas Honig nach Belieben

1. Die Milch mit 1 Prise Salz in einen kleinen Topf geben und aufkochen lassen.
2. Haferflocken und Rosinen einrühren und unter Rühren auf kleiner Flamme 3 Minuten köcheln lassen, bis der Brei recht fest ist. Zimt einrühren und den Porridge auf zwei kleine Schüsseln verteilen.
3. Die Birne heiß waschen, vierteln und die Kerngehäuse entfernen. Etwa die Hälfte der Birne in schmale Spalten schneiden, den Rest klein würfeln.
4. Die Mandeln nach Belieben gröber oder feiner hacken.
5. Joghurt und Birnenwürfel mit dem Porridge vermischen, die restlichen Birnen obenauf geben, mit den Mandeln bestreuen und nach Belieben mit etwas Honig beträufeln.

INFO: Eine Birne enthält ca. 6 g Ballaststoffe – das ist schon ein Fünftel des Tagesbedarfs! Außerdem viele B-Vitamine, die dazu beitragen, Serotonin zu bilden. Und das macht glücklich und gute Laune. Da alle wichtigen Vitamine meist direkt unter der Schale liegen, Birnen besser vor dem Verzehr heiß waschen, anstatt sie zu schälen.

Was der Hafer kann

Hafer ist gesund, das weiß inzwischen (fast) jeder. Davon zeugen die vielen Müslisorten, Müslirezepte und Müslifreunde. Für alle, die Müsli oder Porridge nicht so sehr mögen, finden Sie hier ein paar Anregungen.

Hafer in seinen vielfältigen Erscheinungsformen vom Korn zu Flocken, Mehl und Drink kann auch in der raffinierten Küche überraschen. Zum Beispiel passen geröstete Haferflocken gut auf Salate und Suppen, Bowls überraschen mit ganzen Haferkörnern, Haferkleie können Sie in Eintöpfen verstecken und Haferstreusel auf Ihren Kuchen geben – alles ein Stückchen »Oat Cuisine«.

Das Wertvollste am Hafer ist ein ganz besonderer Ballaststoff: das Beta-Glucan. Dieser streichelt Ihre Darmwand regelrecht und ist Lieblingsnahrung für Ihre »guten« Darmbakterien. Beta-Glucan bewirkt aber noch viel mehr: Das »böse« LDL-Cholesterin wird blockiert, der Blutzuckerspiegel und Ihr Gewicht werden reguliert. Dazu kommt noch ein hoher Eiweißgehalt (13,5 g/100 g) – sehr wichtig für alle, die keine tierischen Produkte zu sich nehmen.

40 g für starke Nerven, gute Laune und feste Knochen

- Für gute Nerven ist das Vitamin B_1 zuständig. Mit nur 40 g Hafer decken Sie schon ein Viertel des Tagesbedarfs.
- Auch der Gehalt an Vitamin B_6, das für Ihre Nerven Hand in Hand mit B_1 geht, ist beachtlich. Fast 25 Mikrogramm pro 40 g bringen Ihren Serotoninspiegel in die Höhe, Sie schlafen besser und sind ausgeglichener.
- Obendrauf gibt es noch 7,8 Mikrogramm Biotin in den 40 g Hafer. Und das macht starke Nägel, kräftiges Haar und eine gesunde Haut.
- 4,5 mg Silicium in 40 g Hafer – und Ihre Haare, Haut und Nägel jubeln! Ihre Knochen ebenfalls. Und Ihr Bindegewebe bleibt schön straff.
- 40 g Hafer liefern zusätzlich 2,5 mg Eisen – doppelt so viel wie Fleisch. Das ist besonders für die vegetarische Ernährung von Bedeutung. Wenn Sie Hafer noch dazu mit Vitamin C (in Obst zum Beispiel) kombinieren, wird es optimal verwertet.
- 60 mg Magnesium in 40 g Hafer! Sportler lieben diese Kraftflocken!

40 G TÄGLICH – GANZ SCHNELL

40 g Haferflocken, -schrot oder -kleie 20 Minuten in Wasser einweichen. 1 Banane, 1 Apfel, 20 g Trockenobst, 20 g Sonnenblumenkerne zu einem Brei mischen, nach Belieben auch erwärmen. Ob zum Frühstück oder als kleine Mahlzeit unterwegs: So bekommen Sie alle Vorteile des Hafers: Energie, Ausdauer und gute Laune.

HAFERKÖRNER MIT HIMBEEREN

Für 2 Portionen
Pro Portion: 317 kcal / 9,8 g E / 10,6 g F / 41,4 g KH / 8,5 g Bal

ZUTATEN

75 g ganze rohe Haferkörner (oder ca. 200 g vorgekochter Hafer)

150 ml Wasser

Salz

1 Banane

100 g Himbeeren oder anderes Beerenobst

150 g fettarmer Naturjoghurt (1,5 % Fett)

1. Den Hafer in ein Sieb geben und kalt abbrausen. Wasser in einen kleinen Topf füllen, 1 Prise Salz und den Hafer zufügen und auf kleinster Flamme 30 Minuten köcheln lassen. Anschließend etwa 15 Minuten offen ausdampfen und abkühlen lassen.
2. Die Banane schälen und in Scheiben schneiden. Die Himbeeren – wenn erforderlich – behutsam abbrausen und entstielen.
3. Joghurt unter den abgekühlten Hafer rühren. Zwei Drittel der Mischung auf zwei Gläser verteilen.
4. Das Obst darauf verteilen und mit dem restlichen Haferbrei bedecken. Zum Garnieren mit Kokosraspel bestreuen.

TIPPS: Ganze Haferkörner eignen sich nicht nur als Frühstücksgetreide, sondern passen auch in Bowls (Seite 115 oder 122) mit allen möglichen Zutaten oder leicht angebraten in einer Gemüsepfanne. Sie können die Haferkörner vorkochen, denn für nur eine Mahlzeit lohnt die längere Kochzeit nicht. Die gekochten Körner lassen sich gut 2–3 Tage im Kühlschrank aufbewahren oder portionsweise einfrieren.

HAFERKÖRNER AUF VORRAT

Für ca. 15 Portionen
Pro Portion: 242 kcal / 9,0 g E / 4,7 g F / 39,1 g KH / 3,9 g Bal

ZUTATEN

1000 g Bio-Haferkörner
1 TL Salz
2 l Wasser

1. Haferkörner in ein Sieb geben und mit kaltem Wasser abbrausen.
2. Mit Salz in 2 l Wasser in einen mittelgroßen Topf geben, aufkochen lassen und etwa 30–35 Minuten zugedeckt bei schwacher Hitze köcheln lassen.
3. Mit einer Gabel auflockern und nachquellen lassen, bis die Kerne abgekühlt sind.

100 g Haferkörner ergeben etwa 250 g gekochte Körner. Um 400 g fertig verwendbare Körner zu erhalten, müssen Sie 150 g rohe Körner kochen.

HAFER-PORRIDGE MIT MÖHREN UND NÜSSEN

Für 2 Portionen
Pro Portion: 306 kcal / 13,0 g E / 12,5 g F / 33,2 g KH / 4,9 g Bal

ZUTATEN

- 200 ml fettarme Milch (1,5 % Fett)
- 50 g Haferflocken
- 1 Prise Salz
- 1 EL Rosinen (ca. 15 g)
- 150 g Möhren
- 150 ml fettarmer Naturjoghurt (1,5 % Fett)
- 10 Walnusshälften (ca. 25 g)
- 1 EL Kokosflocken nach Belieben

1. Milch und Haferflocken mit Salz in einen kleinen Topf geben und aufkochen lassen. Vom Herd nehmen, die Hälfte der Rosinen unterrühren und die Mischung mindestens 15 Minuten quellen lassen. (Sie können die Haferflocken auch schon am Vorabend kochen und über Nacht quellen lassen.)
2. Die Möhren schälen, putzen und fein oder grob reiben. Mit dem Joghurt unter die Haferflocken rühren, auf zwei Schüsseln verteilen und die restlichen Rosinen und die Walnusshälften obenauf geben. Nach Belieben mit einigen Kokosflocken bestreuen.

TIPP: Äpfel machen sich zu den Möhren hervorragend. Raspeln Sie einen eher säuerlichen Apfel – wenn möglich mit der Schale – und mischen diesen unter den Porridge.

HAFER-PORRIDGE MIT KÜRBIS

Für 2 Portionen
Pro Portion: 361 kcal / 14,3 g E / 11,2 g F / 47,8 g KH / 5,8 g Bal

ZUTATEN

- 75 g ganze rohe Haferkörner (oder ca. 200 g vorgekochten Hafer, Seite 59)
- 150 ml Wasser
- Salz
- 300 g Hokkaido-Kürbis
- 2 EL fettarmer Naturjoghurt (1,5 % Fett)
- 2 EL Kürbiskerne
- 1 EL Leinsamen

TIPP: Für die schnellere Küche gibt es Kürbis in Konserven oder in Gläsern mit 200 g oder 265 g Einwaage. Beides können Sie gut unter den fertig gekochten Hafer mischen und darin erwärmen.

1. Den Hafer in ein Sieb geben und kalt abbrausen. Wasser in einen mittelgroßen Topf füllen, 1 Prise Salz und den Hafer zufügen und auf kleinster Flamme 30 Minuten köcheln lassen.
2. Den Hokkaido-Kürbis mit einem feuchten Tuch reinigen oder waschen (die Schale wird mitverwendet). Die Kerne entfernen und das Fruchtfleisch in etwa 1 cm große Würfel schneiden. (Wenn Sie andere Kürbissorten verwenden, müssen Sie diese schälen und etwa 100 g Abfall dazurechnen.)
3. Nachdem der Hafer 20 Minuten geköchelt hat, die Kürbiswürfel unterrühren und alles zusammen weitere 10 Minuten garen. Anschließend mit einer Gabel auflockern und ausdampfen lassen.
4. Den Joghurt einrühren, Porridge auf zwei Schüsseln verteilen und mit Kürbiskernen und Leinsamen bestreuen.

HIRSE-PORRIDGE MIT TROCKENFRÜCHTEN

Für 2 Portionen
Pro Portion: 356 kcal / 10,1 g E / 7,5 g F / 58,4 g KH / 5,3 g Bal

ZUTATEN

- 100 g Goldhirse
- 100 ml fettarme Milch (1,5 % Fett)
- 200 ml Wasser
- 1 Prise Salz
- 50 g getrocknete ungeschwefelte Aprikosen
- 2 EL ungeschälte Mandeln (ca. 20 g)
- 2 EL Sultaninen oder Rosinen
- ½ TL gemahlener Zimt

1. Die Hirse in ein Sieb geben und heiß abbrausen. Hirse mit Milch, Wasser und 1 Prise Salz in einen kleinen Topf geben, aufkochen und 10 Minuten auf kleiner Hitze köcheln lassen. Vom Herd nehmen und weitere 10 Minuten quellen lassen. (Von eventuell vorgekochter Hirse brauchen Sie für das Rezept ca. 200 g, die Sie über Dampf erwärmen können.)
2. In der Zwischenzeit die Aprikosen in Streifen schneiden. Die Mandeln nach Belieben grob hacken.
3. Aprikosen und Sultaninen unter die gekochte Hirse mischen und darin erwärmen und quellen lassen.
4. Porridge auf zwei Schüsseln verteilen, die Mandeln darüber geben und mit Zimt bestreuen.

TIPP: Hirse lieber in der ungeschälten (nicht entspelzten) Variante verwenden, denn gerade in der Schale sind viele Antioxidantien, die vor verfrühter Zellalterung schützen. Leichtes Anrösten verstärkt diese Wirkung noch.

INFO: Hochwertiges Protein und mehrfach ungesättigte Fettsäuren, Vitamin E und B2 sowie Silicium, Eisen, Magnesium und Mangan: alles Inhaltsstoffe, die für Ihr Gehirn gut sind. Außerdem hat Hirse einen hohen Faseranteil und damit 3,2 g Ballaststoffe pro 100 g.

GERÖSTETER BUCHWEIZEN MIT JOGHURT UND KIWI

Für 2 Portionen
Pro Portion: 407 kcal / 17,1 g E / 19,8 g F / 37,4 g KH / 5,5 g Bal

ZUTATEN

- 60 g ganzer Buchweizen
- 2 EL Kürbiskerne
- 2 Kiwis
- 30 g ganze ungeschälte Haselnüsse
- 300 ml fettarmer Naturjoghurt (1,5 % Fett)

1. Nach Belieben den Buchweizen und Kürbiskerne etwa 3 Minuten in einer beschichteten Pfanne ohne Fett unter Rühren anrösten. (Buchweizen schmeckt aber auch roh geknabbert recht gut.)
2. Kiwis schälen, längs vierteln und eventuell die harte Rippe entfernen. Kiwiviertel in Scheiben schneiden. Haselnüsse nach Belieben etwas hacken oder ganz lassen.
3. Joghurt auf zwei Schüsseln verteilen und Buchweizen, Kiwi und Haselnüsse obenauf geben.

INFO: Kürbiskerne haben viel Eiweiß, B-Vitamine und bioaktive Stoffe, die sich günstig auf Blasen- und Prostatabeschwerden auswirken. Müsli, Quark, Joghurt, Brot, Gemüsepfannen, Eintöpfe – die grünen Tausendsassas passen überall rein.

Durch ihren hohen Fettgehalt (aber gesunde Fette!) werden Kürbiskerne leicht ranzig. Gut verschlossen und kühl aufbewahren – oder besser: schnell verzehren.

Was ist mit Nahrungsergänzungsmitteln?

Es gibt einen Ratschlag, den Sie wohl immer wieder hören oder lesen: Nahrungsergänzungsmittel nur nach Absprache beziehungsweise Empfehlung des Arztes. Immer wieder kommt es zu Komplikationen durch unkontrollierte Einnahme von zusätzlichen Vitaminen – oft, weil einfach zu viel davon genommen wird. Mehr noch, weil sich die verordneten Medikamente nicht mit den Präparaten vertragen.

Die Versprechen der Pharmaindustrie sind vollmundig, die Aufschriften auf den Verpackungen suggerieren ein Plus an Gesundheit. Die Dosierungen aber sind niedrig, denn sonst wäre das Produkt apothekenpflichtig. Also seien Sie bitte vorsichtig, auch wenn es noch so verlockend klingt.

Auch völlig natürlich erscheinende Säfte wie zum Beispiel Weißdorn bei Herzbeschwerden, Sanddorn und Hagebutte bei Erkältungen halten wissenschaftlichen Untersuchungen nicht stand.

Wenn Sie gesund sind und sich ausgewogen und mit viel Gemüse ernähren, können Sie gar keinen Vitaminmangel haben.

Einige Nahrungsmittel aber gibt es, denen Sie beim Älterwerden besondere Aufmerksamkeit schenken können:

- Der Proteinbedarf ist etwa ab dem 60. Lebensjahr höher: 1 g pro Kilogramm Körpergewicht wird statt der 0,8 g empfohlen. Zusätzliche Proteine finden Sie ab Seite 183.

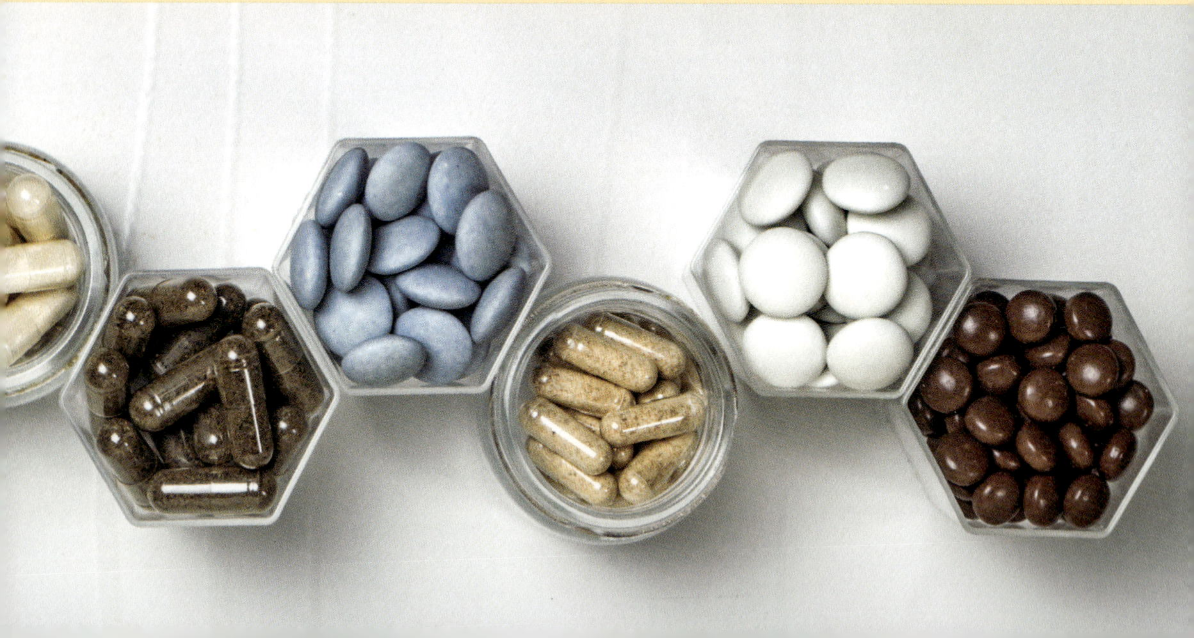

- Ballaststoffe werden generell zu wenig gegessen. Gut wären durchschnittlich 30 g täglich.
- Vitamin D nach Absprache mit dem Arzt. Die natürliche Versorgung über die Haut schwächelt ab 65. Neuere Studien weisen darauf hin, dass ein Vitamin-D-Mangel eventuell Demenz begünstigen könnte. Die Beweise stehen aber noch aus.
- Lecithin ist ein wichtiger Nährstoff für Nerven, Gehirn und Fettstoffwechsel. Lecithin kommt zwar in Lebensmitteln vor, wird auch in der Leber gebildet, könnte aber als Pulver oder Saft ergänzt werden, etwa 3–4 g täglich.
- Spermidin wird in Tablettenform als Wunderstoff für ein langes Leben angepriesen. Wenn schon, dann greifen Sie lieber zu Weizenkeimen und Weizenkeimöl – dort ist Spermidin auch enthalten.
- Vitamin K wird zusätzlich für die Knochen angeboten. Das kann gefährlich sein, da es ein fettlösliches Vitamin ist und sich somit im Organismus anreichert. Zusätzlich zu einer guten Vitamin-D-Versorgung finden Sie es statt in Kapseln in Weizengras, Gerstengras, Dinkelgras: als Pulver zum Trinken oder zum Bestreuen von Salat, Suppen und Gemüsegerichten.

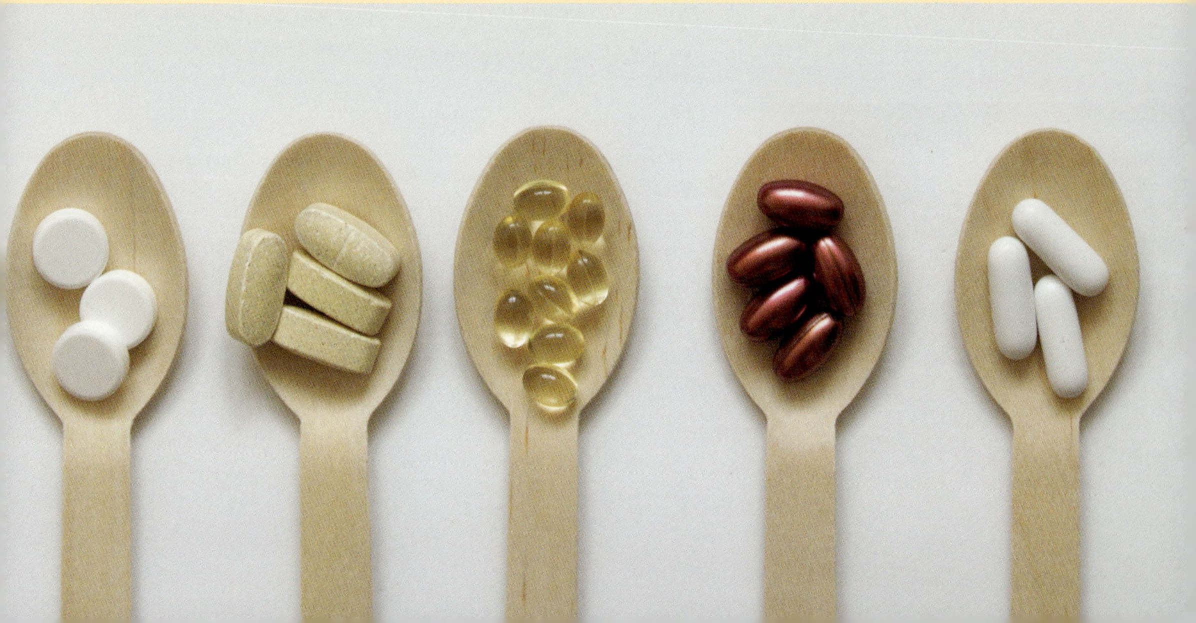

HIRSE-PORRIDGE MIT NÜSSEN UND SCHOKOLADE

Für 2 Portionen
Pro Portion: 433 kcal / 14,8 g E/ 18,9 g F/ 48,0 g KH/ 5,9 g Bal

ZUTATEN

- 65 g Hirse (oder 250 g vorgekochte Hirse)
- ½ Vanilleschote
- 200 ml fettarme Milch (1,5 % Fett)
- Salz
- 20 g Bitterschokolade (75 % Kakaoanteil)
- 40 g ganze, ungeschälte Haselnüsse
- 100 g Kirschen oder Beerenobst nach Belieben
- 150 g fettarmer Joghurt (1,5 % Fett)

1. Die Hirse in ein Sieb geben und heiß abbrausen. Die Vanilleschote längs aufschlitzen und das Mark herausschaben. Hirse, Vanilleschote und -mark mit der Milch und 1 Prise Salz in einen kleinen Topf geben, aufkochen und 10 Minuten auf kleiner Hitze köcheln lassen. Vom Herd nehmen und weitere 10 Minuten quellen lassen. (Von eventuell vorgekochter Hirse brauchen Sie für das Rezept ca. 250 g, die Sie über Dampf erwärmen können.)
2. In der Zwischenzeit die Bitterschokolade mit einem scharfen Messer in Flocken schneiden. Die Haselnüsse grob hacken. Das Obst je nach Sorte waschen und verlesen oder in mundgerechte Stücke schneiden.
3. Die Vanilleschote aus dem Topf entfernen und den Joghurt unter die Hirse rühren. Auf zwei Müslischalen verteilen und mit den vorbereiteten Zutaten bestreut servieren.

TIPP: Hirse können Sie gut in Milch oder Wasser vorkochen und portionsweise im Kühlschrank aufbewahren oder einfrieren.

HIRSE VORKOCHEN

Ergibt ca. 17 Portionen à 100 g
Pro Portion: 101 kcal / 3,1 g E / 0,6 g F, / 20,2 g KH / 11 g Bal

ZUTATEN

500 g Hirse, nicht entspelzt
1200 ml Wasser
1 Prise Salz

1. Die Hirse in ein Sieb geben, heiß abbrausen und in einen Topf geben. Wasser und 1 Prise Salz dazu dazugeben, aufkochen lassen und bei reduzierter Hitze 8 Minuten köcheln lassen.
2. Vom Herd nehmen und 10 Minuten quellen lassen.
3. Die fertige Hirse in Portionen nach Bedarf teilen und 5–7 Tage gut verschlossen im Kühlschrank oder bis zu 6 Monate im Tiefkühler aufbewahren.

Für die Zubereitung in kleineren Mengen rechnen Sie immer die 2½-fache Menge Wasser (Hohlmaß verwenden!). 50 g Hirse roh ergeben ca. 170 g verzehrfertige Hirse. Für 100 g verzehrfertige Hirse müssen Sie ca. 30 g rohe Körner kochen.

INFO:

• Das Power-Getreide Hirse enthält besonders viel Eisen und andere Mineralstoffe. Für Menschen, die unter Eisenmangel leiden, ist Hirse daher besonders wertvoll. Das Vitamin C, das in diesem Rezept aus dem Obst kommt, hilft bei der Eisenaufnahme. Zudem gibt's in den Körnchen viel Eiweiß – nicht nur für Vegetarier und Veganer.

• Dunkle Schokolade mit über 70 Prozent Kakaogehalt enthält im Schnitt 11 g Ballaststoffe pro 100 g. Sie wirkt entzündungshemmend und stärkt das Gedächtnis. Calcium und Vitamin D stärken die Knochen. Einfach nur mal auf der Zunge zergehen lassen und genießen. Fein geraspelt auch auf Müslis, Smoothies und Obstsalaten. Aber darauf achten, dass nicht gleichzeitig viel Zucker enthalten ist!

BUCHWEIZEN-PORRIDGE MIT WALNÜSSEN UND ÄPFELN

Für 2 Portionen
Pro Portion: 295 kcal / 7,3 g E / 9,6 g F / 42,2 g KH / 6,6 g Bal

ZUTATEN

- 60 g Buchweizenflocken
- 1 Msp. gemahlene Kurkuma
- Salz
- 100 ml Wasser
- 100 ml fettarme Milch (1,5 % Fett)
- ½ TL Zimt
- 2 kleine Äpfel
- 100 g Heidelbeeren oder andere Beeren nach Saison
- 10 Walnusshälften (ca. 25 g)

TIPP: Wie andere Getreide und Pseudogetreide können Sie auch Buchweizen in größeren Mengen vorkochen und im Kühlschrank beziehungsweise Tiefkühler aufbewahren.

1. Buchweizenflocken mit Kurkuma, 1 Prise Salz, Wasser und Milch in einen kleinen Topf geben, aufkochen lassen und 15 Minuten bei kleiner Hitze quellen lassen. Eventuell etwas Wasser nachgießen, wenn der Brei zu fest wird.
2. Den Zimt einstreuen und unterrühren.
3. Die Äpfel heiß waschen, vierteln, die Kerngehäuse entfernen und das Fruchtfleisch in Spalten oder Würfel schneiden. Die Heidelbeeren in ein Sieb geben, abbrausen, verlesen und gut abtropfen lassen.
4. Den Porridge auf zwei tiefe Teller verteilen und mit den Apfelspalten, Heidelbeeren und Walnusshälften belegen.

BUCHWEIZEN VORKOCHEN

Für ca. 12 Portionen à 125 g
Pro Portion: 143 kcal / 3,8 g E / 0,7 g F / 29,6 g KH / 1,5 g Bal

ZUTATEN

500 g roher Buchweizen

1 l Wasser

1 TL Salz

1. Buchweizen in ein Sieb geben und heiß abbrausen. Mit Wasser und Salz in einen hohen Topf füllen, aufkochen lassen und offen 10 Minuten bei mittlerer Hitze köcheln lassen.
2. Topf vom Herd nehmen und Buchweizen 15 Minuten ausdampfen lassen.
3. Den fertigen Buchweizen in Portionen nach Bedarf aufteilen und 5–7 Tage gut verschlossen im Kühlschrank oder bis zu 6 Monate im Tiefkühler aufbewahren.

INFO: Buchweizen mit seinem hohen Gehalt an Lysin und Lecithin regt das Gehirn an. Das Knöterichgewächs kann außerdem den Blutzuckerspiegel, Cholesterinspiegel und Blutdruck senken und unterstützt die Leber bei der Entgiftung. Die Kohlenhydrate aus dem Buchweizen haben nur eine geringe Zuckerwirkung.

QUARKCREME MIT ORANGEN UND WALNÜSSEN

Für 2 Portionen
Pro Portion: 361 kcal / 18,5 g E / 21,3 g F / 21,7 g KH / 3,9 g Bal

ZUTATEN

- 50 g Walnusshälften
- 2 kleine Bio-Orangen (am besten Blutorangen)
- 250 g Quark (20 % Fett)
- 50 ml Mineralwasser mit Kohlensäure
- 1 EL Honig
- Salz
- etwas Zimt

1. Die Walnusshälften etwas zerkleinern und – nach Belieben – in einer beschichteten Pfanne ohne Fett rösten, bis sie duften. Herausnehmen und beiseitestellen.
2. Eine der Orangen heiß waschen, abtrocknen und 1 TL Schale fein abraspeln. Beide Orangen so schälen, dass kaum weiße Haut übrig bleibt, und in Scheiben oder Spalten schneiden.
3. Quark mit Mineralwasser, Honig, Orangenschale und 1 Prise Salz glattrühren.
4. Creme auf zwei Schüsseln verteilen. Orangen und Nüsse darauf verteilen und mit Zimt bestreuen.

INFO: Blutorangen sind hauptsächlich im Januar auf unseren Märkten zu finden. Sie gelten als extrastärkend für das Immunsystem. Der besonders hohe Anteil an Pflanzenfarbstoffen begünstigt außerdem den Stoffwechsel. Es sieht zwar viel schöner aus, wenn Sie die weiße Haut entfernen, schmeckt auch purer nach Orange – gerade in der Haut sind jedoch viele nützliche Inhaltsstoffe, zum Beispiel Ballaststoffe und Radikalenfänger, deshalb nach Möglichkeit ab und zu dranlassen.

ORANGEN-COUSCOUS MIT BEERENOBST

Für 2 Portionen
Pro Portion: 349 kcal / 8,5 g E / 1,6 g F / 71,8 g KH / 8,7 g Bal

ZUTATEN

2 große Orangen
150 g Couscous
200 g Beerenfrüchte nach Wahl
Minzeblätter nach Belieben

1. Die Orangen auspressen – das sollte ca. 300 ml Saft ergeben.
2. Saft auf zwei kleine Schüsseln verteilen und jeweils die Hälfte des Couscous einrühren. 15–20 Minuten quellen lassen.
3. In der Zwischenzeit das Beerenobst waschen, wenn nötig putzen, entstielen und in Stücke schneiden.
4. Obst unter den Couscous mischen und nach Belieben mit einigen Minzeblättern dekorieren.

INFO: Couscous, wie auch Bulgur, ist ideal für die schnelle Küche. Beides sind Getreideprodukte. Meist handelt es sich um geschnittene oder gepresste Kügelchen aus Hartweizen, Gerste, Hirse oder Buchweizen. Bei uns wird Couscous küchenfertig angeboten, Sie müssen sie nur mit der gleichen bis doppelten Menge Flüssigkeit (Packungsanleitung beachten!) heiß übergießen und ziehen lassen. Couscous hat fünfmal mehr Proteine als Kartoffeln, mehr Ballaststoffe als Pasta oder Reis und außerdem viel Vitamin B3, das Niacin, welches sonst hauptsächlich in Fleisch und Fisch vorkommt. Also eine Nährstoffdichte, die gerade in Ihrem Lebensabschnitt von großem Vorteil ist.

LEINSAMENPUDDING MIT KIWI

Für 2 Portionen
Pro Portion: 380 kcal / 15,1 g E / 22,6 g F / 22,4 g KH / 13,4 g Bal

ZUTATEN

- 60 g Leinsamen oder Leinsamenschrot
- 200 ml fettarme Milch (1,5 % Fett)
- 30 g Walnusshälften
- 2 Kiwis oder anderes Obst nach Belieben
- 150 g fettarmer Naturjoghurt (1,5 % Fett) oder Quark (20 % Fett i. Tr.)
- 2 TL Honig oder Sirup (zum Beispiel Ahornsirup)

1. Ganze Leinsamen zum Beispiel in einem Universalzerkleinerer nicht allzu fein schroten oder geschroteten Leinsamen verwenden. Mit der Milch verrühren und mindestens 8 Stunden, am besten über Nacht, im Kühlschrank quellen lassen. (Auch längere Quellzeiten sind möglich – dann aber zwischendurch umrühren.)
2. Walnusshälften klein hacken. Die Kiwi schälen, vierteln, die harte Mittelrippe eventuell entfernen und die Kiwiviertel in Scheiben schneiden.
3. Leinsamenpudding mit Joghurt, gehackten Walnüssen und Honig verrühren und das Obst unterheben.

INFO: Ganze Leinsamen halten länger als geschrotete, die schnell ranzig werden können. Allerdings können die Inhaltsstoffe bei der geschroteten Variante besser aufgenommen werden. Leinsamen sind eine vollwertige heimische Alternative zu den in Mode gekommenen Chia-Samen. Die ganzen Körnchen passen auch gut als Topping zu anderen Müslis, in Salate und sogar Suppen.

BUCHWEIZEN-PORRIDGE MIT HEIDELBEEREN

Für 2 Portionen
Pro Portion: 413 kcal / 12,7 g E / 14,1 g F / 53,8 g KH / 10,5 g Bal

ZUTATEN

- 50 g getrocknete ungeschwefelte Aprikosen
- 40 g ungeschälte Mandeln oder Haselnüsse
- 80 g Buchweizen (ca. 250 g vorgekocht)
- 200 ml fettarme Milch (1,5 % Fett)
- Salz
- 200 g Heidelbeeren
- frische Minze nach Belieben

1. Die Aprikosen in feine Streifen schneiden oder klein würfeln. Die Mandeln hacken.
2. Buchweizen in ein Sieb geben und heiß abbrausen. Mit Aprikosen, Mandeln, Milch und 1 Prise Salz in einen kleinen Topf geben und zum Kochen bringen.
3. Anschließend vom Herd nehmen und 10 Minuten zugedeckt quellen lassen.
4. In der Zwischenzeit die Heidelbeeren waschen, verlesen und gut abtropfen lassen.
5. Den Porridge in zwei Schüsseln füllen und die Heidelbeeren obenauf geben. Nach Belieben mit einigen Minzeblättchen dekorieren.

TIPP: BUCHWEIZEN-KEIMLINGE

Die volle Ladung der Buchweizen-Inhaltsstoffe erhalten Sie, wenn Sie diesen keimen lassen und dann die Keimlinge in Müslis oder Salaten verwenden. Es geht mit etwas Geduld ganz einfach: Buchweizen 1 Stunde in lauwarmem Wasser einweichen. Durch ein Sieb abgießen und im Sieb stehen lassen. 2 Tage lang 2- bis 3-mal täglich mit kaltem Wasser gründlich abbrausen. Bald sehen Sie an den Körnchen jeweils einen kleinen schwarzen Punkt, aus dem dann eine Sprosse keimt. Keime zugedeckt im Kühlschrank aufbewahren und in 2–3 Tagen verbrauchen. Die Keimlinge passen auch gut auf Salate oder in Bowls.

Vermeiden Sie Stress-Essen

- Beruflicher Ärger, Streit im häuslichen Bereich, Zeitknappheit, Angst, Frust – es gibt viele Gründe, aus der Haut zu fahren und im Essen Trost zu suchen, ohne wirklich hungrig zu sein. Oft ist es auch nur Gedankenlosigkeit, oder wir essen, weil wir andere essen sehen.
- Darüber vergessen wir ganz, wofür Essen eigentlich da ist. Essen soll Ihre Körperfunktionen aufrechterhalten, Essen soll Ihnen Energie liefern, Sie fit halten und vor Altersbeschwerden schützen. Und nicht zuletzt soll Essen Genuss und Entspannung bringen.
- Manchmal fängt Stress schon beim Einkauf an: Das Überangebot und die Verlockungen in den Supermärkten machen oft die Entscheidung schwer. Was kaufe ich? Was ist überhaupt noch gesund? Was nützt, was schadet? Zu oft über Essen und Verbote nachzudenken macht Stress.
- Die Ernährung gerät bisweilen zur Ideologie, wenn ausschließlich gesunde und reine Lebensmittel erlaubt sein sollen, die den Körper optimieren – sogenannte Superfoods. Auch kann Essen zur ökologischen Gewissenfrage werden, wenn Sie beim Kauf einer Mango oder Ananas schon ein schlechtes Gewissen haben müssen, weil sie von weit herkommen.
- Stress – aus welcher Ursache auch immer – kostet den Körper viel Energie, die aus den Speichern in Muskeln und Fett genommen wird. Unser System schreit da Alarm und will diesen Verbrauch so schnell wie möglich wieder ersetzen. Hier kommt dann das Hormon Cortisol ins Spiel, das die gefürchteten Essattacken auslöst. Dazu braucht es nicht – wie in früheren Zeiten – die Flucht vor dem Feind oder die Jagd auf wilde Tiere. Heute genügen Ärger, Streit, Lärm, Hungern bei extremen Diäten, aber auch einfach schlechter Schlaf, um Dauerstress auszulösen. Eine ständige Überflutung mit Cortisol ist die Folge, was den gesamten Hormonstoffwechsel aus dem Gleichgewicht bringt.

Ein paar Kohlenhydrate können beruhigend wirken – Haferkekse zum Beispiel. Das Rezept finden Sie auf Seite 168.

Zwar scheint die Stressbelastung mit zunehmendem Alter geringer zu werden. Wahrscheinlich einfach deshalb, weil wir im Laufe des Lebens gelernt haben, mit Stress umzugehen. Andererseits stellen viele Menschen ab 60 fest, dass sie dünnhäutiger geworden sind. Das alles ist individuell sehr verschieden und hängt stark von den Lebensumständen ab.

Wer insgesamt fit ist, kann mit Stress und seinen Folgen besser umgehen als ein ohnehin geschwächter und strapazierter Organismus. Wer sich gesund ernährt, ausreichend schläft und sich regelmäßig bewegt, schafft gute Voraussetzungen für eine gewisse Stressresilienz.

AVOCADOCREME MIT BANANE UND HAFERFLOCKEN

Für 2 Portionen
Pro Portion: 314 kcal / 11,4 g E / 13,9 g F / 33,2 g KH / 5,6 g Bal

ZUTATEN

30 g Haferflocken
100 ml fettarme Milch (1,5 % Fett)
1 kleine Banane
1 kleine Avocado (ca. 150 g)
1–2 EL Zitronensaft
300 g fettarmer Naturjoghurt (1,5 % Fett)

TIPPS:

• Alternativ können Sie Banane und Avocado mit den übrigen Zutaten in einem Mixer oder Smoothiemaker 30 Sekunden fein pürieren.

• Dieses ballaststoffreiche Frühstück ist zum Löffeln gedacht. Wenn Sie lieber einen Smoothie zum Trinken wollen: einfach mit mehr Milch verdünnen.

1. Die Haferflocken nach Belieben in einer kleinen beschichteten Pfanne ohne Öl goldgelb rösten. Sie bekommen dadurch ein kräftigeres Aroma. Milch in eine Schüssel gießen, mit den Haferflocken verrühren und 10–15 Minuten quellen lassen.
2. Die Banane schälen, in Scheiben schneiden und mit einer Gabel zu einem Brei zerdrücken.
3. Die Avocado längs halbieren, den Kern entfernen und das Fruchtfleisch mit einem Löffel aus der Schale heben. Etwa 2 EL Avocado in kleine Würfel schneiden, mit 1 EL Zitronensaft beträufeln und zum Garnieren beiseitestellen.
4. Restliche Avocado klein schneiden und ebenfalls mit einer Gabel zu einem Brei zerdrücken. Bananen und Avocado mit Joghurt und Haferflockenmilch vermischen.
5. Nach Bedarf mit Zitronensaft abschmecken, auf zwei Gläser oder Schüsseln verteilen und mit den Avocadowürfeln bestreuen.

INFO: Avocados enthalten Glutathion, welches der Körper in der Leber auch selbst herstellt. Sie braucht dieses Produkt aus Aminosäuren, um freie Radikale und Giftstoffe abzuwehren und neue Leberzellen zu bilden. Ungesättigte Fettsäuren, Vitamin E und K sowie Folsäure sind super für Herz und Gehirn.

Leider ist die Umweltbilanz der Avocados durch die weiten Transportwege, den hohen Wasserbrauch (gerade in den wasserarmen Ländern) und die Abholzung von Wäldern sehr schlecht. Genießen Sie daher Avocados nur selten, dafür aber mit umso größerem Genuss.

SALATE

Leicht und schnell

Salate sind eine gute Möglichkeit, neben vitaminreichem Gemüse auch unkompliziert von der positiven Wirkung guter Öle zu profitieren.

Für die gesunde Ernährung mit guten Fetten sollte das Verhältnis von Omega-3-Fettsäuren zu den in geringerer Menge auch nützlichen Omega-6-Fettsäuren etwa 1:3 betragen. Heutzutage üblich ist ein Verhältnis von bis zu 1:30, also ein bei Weitem zu hoher Omega-6-Anteil, was unter anderem Herz-Kreislauf-Probleme, Arteriosklerose und neurodegenerative Erkrankungen (Demenz) zur Folge haben kann.

»Gesunde« Fette sind kaltgepresstes Oliven- und Rapsöl zum Braten und Leinöl und Nussöle in Salaten. Zahlreiche Ölsorten aus Nüssen und Samen wie Walnussöl, Macadamianussöl, Haselnuss- und Sesamöl sorgen für Abwechslung. Einige Ölmühlen haben – zumindest in Großstädten – eigene Geschäfte, wo Sie die Öle verkosten oder auch ein kleines Probesortiment erwerben können.

Salate, besonders diejenigen, die unter 20 g Kohlenhydrate pro Portion enthalten, können Sie unbesorgt auch am Abend essen.

RUCOLASALAT MIT ERDBEEREN UND QUARK

Für 2 Portionen
Pro Portion: 420 kcal / 14,5 g E / 32,0 g F / 15,5 g KH / 6,3 g Bal

ZUTATEN

75 g Rucola
250 g Erdbeeren
2 EL Apfelessig
2 EL Walnuss- oder Leinöl
Salz, Pfeffer
40 g Walnusskerne
100 g Quark (20 % Fett)
1 EL ganze Leinsamen

1. Rucola waschen, verlesen und gut abtropfen lassen. Nach Belieben quer in Streifen schneiden. Erdbeeren waschen, entstielen und halbieren oder vierteln.
2. Aus Essig, Öl, Salz und Pfeffer mit dem Schneebesen in einer Salatschüssel ein cremiges Dressing rühren. Erdbeeren und Rucola unterheben und 5 Minuten ziehen lassen.
3. Salat auf zwei Teller geben und den Quark mit einem Teelöffel in kleinen Flocken darauf verteilen. Mit den Walnusskernen belegen und mit Leinsamen bestreuen.

INFO: Apfelessig, der bei allen Salatzubereitungen zum Einsatz kommt, soll helfen, den Blutzuckerspiegel zu regulieren, den Fettabbau zu fördern und das Herz zu schützen. Apfelessig – besonders in seiner naturtrüben Variante – enthält einige Mineralstoffe. Er wird auch als Stoffwechsel-Booster am Morgen (2 EL Essig auf 1 Glas Wasser) angepriesen.

Egal wie hoch der gesundheitliche Nutzen einzuschätzen ist: Apfelessig schmeckt einfach gut. Nach Belieben und Geschmack können Sie gerne auch andere Essigsorten verwenden.

BOHNENSALAT MIT RADIESCHEN UND SELLERIE

Für 2 Portionen
Pro Portion: 33 kcal / 9,5 g E / 15,1 g F / 26,4 g KH / 11,7 g Bal

ZUTATEN

1 Dose weiße Bohnen oder Kidneybohnen (250 g Abtropfgewicht)

1 rote Zwiebel

2 EL Apfelessig

2 EL Leinöl

Salz, Pfeffer

200 g Staudensellerie

200 g Radieschen

1. Bohnen in ein Sieb geben und über einer Schüssel abtropfen lassen. Die Zwiebel abziehen, längs halbieren und in Streifen schneiden.
2. Aus Apfelessig, Leinöl, Salz, Pfeffer und 2–3 EL Bohnenwasser in einer Salatschüssel mit dem Schneebesen ein cremiges Dressing rühren. Die Zwiebelstreifen hineingeben und darin ziehen lassen – sie werden dadurch weicher und milder.
3. In der Zwischenzeit vom Staudensellerie die Blätter abteilen und diese unter fließendem Wasser gründlich waschen. Stängel putzen und in Scheiben schneiden, das Selleriegrün klein hacken.
4. Radieschen waschen, putzen und in Scheiben schneiden. Zusammen mit den Selleriescheiben in die Salatschüssel geben, vermischen und mit Selleriegrün bestreuen.

INFO: Die Flüssigkeit, in welcher die Konservenbohnen schwimmen, ist kein Abfall, den man einfach wegkippt. Im Gegenteil: Sie enthält noch reichlich Proteine.

Auch wenn Sie Bohnen selbst kochen, müssen Sie nur das Einweichwasser wegschütten, weil es Phytinsäure aus den Schalen enthält. Das Kochwasser können Sie dann auch verwenden, um etwa Suppen cremiger zu machen. Veganer verwenden das Kochwasser von Hülsenfrüchten, »Aquafaba« genannt, als Ei-Ersatz und frieren es zum Aufbewahren in Eiswürfelbehältern ein.

ROTE-BETE-SALAT MIT COUSCOUS UND SCHAFSKÄSE

Für 2 Portionen
Pro Portion: 546 kcal / 17,4 g E / 30,2 g F / 47,4 g KH / 8,7 g Bal

ZUTATEN

- 100 g Couscous
- 200 ml Wasser oder Gemüsebrühe (Fertigprodukt)
- 100 g Babyspinat, Rucola oder grüne Salatblätter
- 1 rote Zwiebel
- 200 g Rote Bete (vorgekocht und eingeschweißt)
- 100 g Schafskäse
- 2 EL kaltgepresstes Olivenöl
- 2 EL Apfelessig
- Salz, Pfeffer
- 20 g Sonnenblumenkerne

1. Couscous in eine Schüssel geben, mit kochendem Wasser oder Brühe übergießen und verrühren. Bitte beachten Sie die empfohlene Flüssigkeitsmenge laut Packungsanleitung – sie kann variieren. Couscous 15–20 Minuten quellen lassen, bis alle Flüssigkeit aufgesogen ist.
2. In der Zwischenzeit den Spinat waschen, verlesen, gut abtropfen lassen und auf zwei Tellern ausbreiten.
3. Die Zwiebel abziehen und in Ringe schneiden. Den Schafskäse aus der Packung nehmen und würfeln. Beides auf dem Spinat verteilen.
4. Aus Olivenöl, Apfelessig, Salz und Pfeffer in einer kleinen Schüssel mit einem Schneebesen ein Dressing rühren.
5. Couscous auf dem Salat verteilen, mit den Sonnenblumenkernen bestreuen und das Ganze mit dem Dressing beträufeln.

INFO: Zwiebeln liefern Ihnen Kalium, B-Vitamine und Vitamin C. Dazu noch Antioxidantien, wovon die roten Zwiebeln doppelt so viel haben wie die normalen gelben. Schon 3 rote Zwiebeln pro Woche versorgen Sie mit ausreichend Quercetin und Anthocyanin, was Sie gegen Entzündungen schützt und Ihrer Leber beim Entgiften hilft.

COUSCOUS-SALAT MIT GRANATAPFELKERNEN

Für 2 Portionen
Pro Portion: 484 kcal / 7,9 g E / 26,1 g F / 48,8 g KH / 11,2 g Bal

ZUTATEN

- 100 g Couscous oder Bulgur
- 200 ml Wasser oder Gemüsebrühe (Fertigprodukt)
- 1 EL kaltgepresstes Olivenöl
- 2 EL weißer Balsamessig oder Apfelessig
- Salz, Pfeffer
- 1 kleine rote Zwiebel
- ½ Granatapfel oder 80 g Granatapfelkerne (Kühltheke)
- 150 g Fleischtomaten
- 1 kleine reife Avocado
- 2 Stängel glatte Petersilie

1. Couscous in eine Schüssel geben und mit kochendem Wasser oder Brühe übergießen und verrühren. Bitte beachten Sie die empfohlene Wassermenge laut Packungsanleitung – sie kann variieren. Couscous 15–20 Minuten quellen lassen, bis alle Flüssigkeit aufgesogen ist.
2. Aus Öl, Essig, Salz und Pfeffer in einer Salatschüssel mit dem Schneebesen ein Dressing rühren.
3. Die Zwiebel abziehen, fein hacken und gleich mit dem Dressing vermischen. Die Tomaten waschen, halbieren, Stielansätze entfernen und das Fruchtfleisch würfeln.
4. Die Kerne aus dem Granatapfel lösen – wie das geht, erfahren Sie auf Seite 96. Die Petersilie waschen, trocken schütteln, die Blätter von den Stängeln zupfen und hacken.
5. Alle vorbereiteten Zutaten in die Salatschüssel geben, gut mischen und 10 Minuten durchziehen lassen. Dann mit Salz, Pfeffer und je nach Geschmack mehr Essig abschmecken.

INFO: Granatapfelkerne schützen Blutgefäße, Herz und Leber durch ihren hohen Gehalt an Pflanzenfarbstoffen. Besonders die Ellagsäure aktiviert entgiftende Enzyme in der Leber und bewahrt sie vor Schadstoffen und freien Radikalen.

Nicht zu viele Granatapfelkerne sollten Sie essen, wenn Sie blutverdünnende oder blutdrucksenkende Medikamente oder Cholesterinsenker einnehmen. Bitte den Beipackzettel lesen oder in der Apotheke fragen.

GRAPEFRUIT-FENCHEL-SALAT MIT NÜSSEN

Für 2 Portionen
Pro Portion: 401 kcal / 10,3 g E / 27,3 g F / 22,9 g KH / 11,1 g Bal

ZUTATEN

2 Knollen Fenchel à ca. 200 g
Wasser
Salz
2 rosa Grapefruits
40 g Walnusskerne
2 EL Apfelessig
Salz, Pfeffer
2 EL Walnussöl

1. Den Fenchel putzen und – wenn erforderlich – die äußeren Blätter dünn abschälen. Knollen längs halbieren, das Fenchelgrün abschneiden, hacken und beiseitelegen.
2. Wasser mit etwas Salz in einen Topf füllen, einen Dampfgareinsatz hineingeben, Fenchel darin verteilen und in 15 Minuten bissfest dämpfen. Herausnehmen und abkühlen lassen.
3. In der Zwischenzeit die Grapefruits schälen, in Spalten teilen und – nach Belieben – weiße Haut und Trennhäutchen entfernen. Walnusskerne grob hacken.
4. Aus Essig, Salz, Pfeffer und Walnussöl in einer kleinen Schüssel mit dem Schneebesen ein Dressing rühren. Den Fenchel in Streifen schneiden und abwechselnd mit den Grapefruitspalten auf zwei Teller verteilen.
5. Mit Nüssen und Fenchelgrün bestreuen und mit dem Dressing beträufeln.

INFO: Bitterstoffe, Antioxidantien, die Vitamine A und C in den Grapefruits helfen, den Fettabbau zu starten. Besonders der Bitterstoff Naringin sorgt dafür, dass Cholesterin abgebaut wird und der Blutzuckerspiegel gesenkt wird.

MAISSALAT MIT THUNFISCH UND ERBSEN

Für 2 Portionen
Pro Portion: 513 kcal / 29,4 g E / 24,6 g F / 32,5 g KH / 22,4 g Bal

ZUTATEN

- ½ Zitrone
- 2 EL Olivenöl
- Salz, Pfeffer
- 150 g Möhren
- 1 rote Paprikaschote
- 1 Dose Mais (285 g Abtropfgewicht)
- 1 kleine Dose Erbsen (140 g Abtropfgewicht)
- 1 Dose Thunfisch naturell (ca. 130 g Abtropfgewicht)
- 10 schwarze entsteinte Oliven

1. Die Zitrone auspressen – Sie benötigen etwa 30 ml Saft. Zitronensaft mit Olivenöl, Salz und Pfeffer in eine Salatschüssel geben und mit dem Schneebesen zu einem cremigen Dressing rühren.
2. Möhren schälen, putzen und in kleine Würfel schneiden. Paprikaschote putzen und ebenfalls klein würfeln. Die Dosen Mais und Erbsen öffnen und durch ein Sieb abgießen.
3. Das Gemüse zum Dressing geben und alles vermischen und mit Salz, Pfeffer und eventuell mehr Zitronensaft abschmecken. Auf zwei tiefe Teller verteilen.
4. Die Thunfischdose öffnen, den Saft abgießen und den Fisch mit einer Gabel auf dem Salat verteilen. Die Oliven nach Belieben in Scheiben schneiden oder ganz lassen und ebenfalls auf dem Salat verteilen.

INFO: Die vielen Ballaststoffe kommen hauptsächlich vom Mais, welcher gleichzeitig auch viele Mineralstoffe und wichtige Vitamine mit sich führt: Kalium, Magnesium, Folsäure und Vitamin C. Außerdem reichlich Beta-Carotin, die Vorstufe des Vitamins A. Mais zusammen mit Bohnen oder Linsen sind ein Traumteam, denn durch die Kombination können alle essenziellen Aminosäuren (das sind die Proteine, die der Körper nicht selbst herstellen kann) gut aufgenommen und verwertet werden.

HERINGSSALAT MIT SPROSSEN

Für 2 Portionen
Pro Portion: 424 kcal / 27,3 g E / 35,6 g F / 19,5 g KH / 6,3 g Bal

ZUTATEN

400 g Rote Bete (vorgekocht, vakuumiert)
20 g Babyspinat oder Feldsalat
50 g Sojasprossen
250 g Heringsfilets
½ Zitrone
2 EL Rapsöl
Salz, Pfeffer

1. Die Roten Beten aus der Packung nehmen und in Scheiben oder Würfel schneiden. Auf zwei Tellern anrichten. Spinat waschen, verlesen, gut abtropfen lassen. Sojasprossen wenn erforderlich waschen. Beides auf den Roten Beten verteilen.
2. Die Heringsfilets trocken tupfen, in mundgerechte Stücke schneiden und obenauf geben.
3. Die halbe Zitrone auspressen – ca. 30 ml Saft werden benötigt. In einer kleinen Schüssel aus Zitronensaft, Rapsöl, Salz und Pfeffer mit dem Schneebesen ein Dressing rühren und dieses über den Salat träufeln.

INFO: Spinat, ob der zarte junge oder der gröbere (dafür aromatischere) Winterspinat, ist kalorienarm und enthält dennoch eine Reihe wichtiger Nährstoffe: Vitamin C, viel Beta-Carotin sowie Kalium, Magnesium und Eisen – nur eine kleine Auswahl der mehr als 100 nachgewiesenen Inhaltsstoffe.

Decken Sie Ihren Proteinbedarf

Proteine sind lebenswichtige Bausteine für alle Zellen, Hormone und Enzyme. Ohne Proteine fehlt das Transportsystem für Vitamine, Spurenelemente und Sauerstoff im Blut. Auch das Immunsystem ist dringend auf Proteine zum Bau von Antikörpern angewiesen. Da der Körper die Proteine weder herstellen noch sie speichern kann, müssen sie – am besten täglich – gegessen werden. 0,8 g Proteine pro Kilo Körpergewicht werden im Allgemeinen empfohlen. Ab 60 allerdings sollten Sie auf ca. 1 g pro Kilo Körpergewicht kommen. Vor allem, um dem Abbau von Muskelmasse vorzubeugen.

Fleisch, ein wichtiger Eiweißträger, sollte nur von artgerecht gehaltenen Tieren stammen. Das wirkt sich zwar nicht so stark auf die Verträglichkeit des Proteins aus, jedoch sehr auf die Fettzusammensetzung und damit auf den gesundheitlichen Wert. Das Argument, Bio-Fleisch oder Fleisch von artgerecht gehaltenen Tieren sei viel zu teuer, zählt nicht! Niemand muss täglich Fleisch essen. Und erst recht nicht Billigfleisch! Ein- bis zweimal pro Woche hochwertiges Fleisch belastet keinen Geldbeutel zusätzlich und macht Ihre Mahlzeiten zu etwas Besonderem. Alle roten Fleischsorten, insbesondere Schweinefleisch, werden als entzündungsfördernd und möglicherweise krebserregend eingestuft und sollten daher – auch weil die Tierhaltung problematisch für die Umwelt ist – äußerst selten gegessen werden. Auf jeden Fall aber ist Bio-Geflügel eine gute Wahl für die Proteinversorgung.

Fisch wie Kabeljau, Schellfisch oder Lachs enthalten besonders leicht verdauliches und verwertbares Eiweiß, daneben auch reichlich Omega-3-Fettsäuren, die entzündungshemmend wirken. Wirkungsvoll ist Fisch auch in Konserven, aber »natur«, »naturell« oder im eigenen Saft.

Eier und Milchprodukte sind auch für Vegetarier akzeptable Eiweißquellen.

Hülsenfrüchte, also Bohnen, Linsen, Kichererbsen und auch Tofu sind die besten pflanzlichen Eiweißlieferanten. Für Veganer sind sie die wichtigste Proteinquelle.

Relativ viel Eiweiß enthalten auch Kürbis- und Sonnenblumenkerne, Haferflocken und Vollkornprodukte. Auch grünes Gemüse enthält pflanzliche Proteine und sollte täglich mit auf den Tisch.

Für Ihre tägliche Extraportion Proteine finden Sie Rezepte ab Seite 183.

HIRSESALAT MIT PAPRIKA UND PUTENSCHINKEN

Für 2 Portionen
Pro Portion: 440 kcal / 17,5 g E / 18,7 g F / 45,9 g KH / 8,8 g Bal

ZUTATEN

- 100 g Hirse
- 300 ml Wasser oder Gemüsebrühe
- Salz
- 1 rote, 1 gelbe und 1 grüne Paprikaschote
- 2 Stängel glatte Petersilie oder Dill
- 100 g geräucherte Putenbrust
- 2 EL Apfelessig
- 2 EL Olivenöl
- Salz Pfeffer

1. Die Hirse in ein Sieb geben und heiß abbrausen. Hirse mit Wasser und 1 Prise Salz in einen kleinen Topf geben, aufkochen und 10 Minuten auf kleiner Hitze köcheln lassen. Vom Herd nehmen und weitere 10 Minuten quellen und auskühlen lassen. Von eventuell vorgekochter Hirse (Anleitung Seite 69) brauchen Sie für das Rezept ca. 200 g.
2. In der Zwischenzeit die Paprikaschoten waschen, putzen und in etwa 1 cm große Würfel schneiden. Die Petersilie waschen, trocken schütteln, die Blätter von den Stängeln zupfen und hacken. Den Schinken in 1 cm große Quadrate schneiden.
3. Aus Apfelessig, Olivenöl, Salz und Pfeffer in einer Salatschüssel mit dem Schneebesen ein Dressing rühren. Alle vorbereiteten Zutaten dazugeben, gut vermischen und etwas durchziehen lassen. Abschmecken und eventuell mit Salz und Essig nachwürzen.

LINSENSALAT MIT RADICCHIO UND SCHAFSKÄSE

Für 2 Portionen
Pro Portion: 553 kcal/ 25,1 g E/ 39,4 g F/ 21,7 g KH /6,6 g Bal

ZUTATEN

- 1 kleine rote Zwiebel
- 3 EL Apfelessig
- Salz, Pfeffer
- 2 EL Leinöl
- 1 Dose Linsen (265 g Abtropfgewicht)
- 1 Staude Radicchio (ca. 200 g)
- 2 Stängel frische Minze
- 30 g Walnüsse
- 150 g Schafskäse oder Hüttenkäse

1. Die Zwiebel abziehen und fein hacken. Aus Apfelessig, Salz, Pfeffer und Leinöl in einer Salatschüssel mit dem Schneebesen ein Dressing rühren. Die Zwiebelwürfel einrühren.
2. Die Linsen in ein Sieb geben, abtropfen lassen und zu den Zwiebeln geben.
3. Den Radicchio putzen und grob hacken. Die Minze waschen und mit Küchenpapier trocken tupfen. Die Blätter von den Stängeln zupfen und in Streifen schneiden. Radicchio und Minze zu den Linsen geben und alles gut vermischen.
4. Die Walnüsse hacken. Den Schafskäse in Würfel schneiden.
5. Den Linsensalat mit Salz und Pfeffer abschmecken und Walnüsse und Schafskäse obenauf geben.

TIPP: Wenn Sie die eiweißreichen Linsen öfter essen wollen, können Sie diese auch vorkochen.

INFO: Tellerlinsen sind die bekanntesten und preiswertesten unter den zahlreichen Linsensorten. Einen feineren Geschmack und einen festeren Biss haben die schwarzen Belugalinsen (Kaviarlinsen) oder grüne Puy-Linsen aus Frankreich. Rote und gelbe Linsen, die wegen ihrer kurzen Kochzeit als Beilagen beliebt sind, eignen sich weniger für Salate, da sie schnell musig werden. Allen Linsen gemeinsam ist, dass sie zur Eiweißversorgung beitragen und reichlich B-Vitamine enthalten.

LINSEN VORKOCHEN

Für 10 Portionen à 160 g
Pro Portion: 67 kcal / 4,6 g E / 0,3 g F / 10,0 g KH / 3,0 g Bal

ZUTATEN

500 g Tellerlinsen
1250 ml Wasser

1. Die rohen Linsen in ein Sieb geben und heiß abbrausen. Mit dem Wasser (ohne Salz!) in einen mittelgroßen Topf geben, aufkochen lassen und auf kleinster Hitze 15 Minuten bissfest köcheln lassen. Je nach Alter der Linsen könnte die Kochzeit etwas länger sein und etwas mehr Wasser benötigt werden.
2. Anschließend etwa 10 Minuten ausdampfen lassen und heiß, lauwarm oder kalt weiterverwenden.

Die gekochten Linsen können Sie portionsweise einfrieren. 500 g rohe Linsen ergeben etwa 1600 g gekochte Linsen, Sie erhalten also ca. 10 Portionen.

LINSENSALAT MIT AVOCADO UND GRANATAPFEL

Für 2 Portionen
Pro Portion: 536 kcal / 12,2 g E / 38,6 g F / 28,3 g KH / 13,3 g Bal

ZUTATEN

- 2 EL Apfelessig
- 2 EL Leinöl
- 1 EL scharfer Senf
- Salz, Pfeffer
- 1 kleine rote Zwiebel
- 1 Dose Linsen (265 g Abtropfgewicht)
- ½ Granatapfel oder 80 g ausgelöste Kerne (im Kühlregal)
- 1 reife Avocado (ca. 200 g)
- 2–3 Zweige frischer Thymian nach Belieben

1. Aus Apfelessig, Leinöl, Senf, Salz und Pfeffer in einer Salatschüssel mit dem Schneebesen ein cremiges Dressing rühren.
2. Die Zwiebel abziehen, längs halbieren und in halbe Ringe schneiden. Zwiebel in das Dressing rühren und etwas ziehen lassen.
3. In der Zwischenzeit die Linsen in ein Sieb geben und abtropfen lassen.
4. Die Kerne aus dem Granatapfel lösen: die Frucht quer halbieren und mit der Schnittfläche nach unten über eine tiefe Schüssel halten. Zuerst mit der schmalen Seite eines Kochlöffels rundherum kräftig auf die Schale klopfen, anschließend mit der flachen Seite. Dann purzeln die Kerne in die Schüssel und Sie müssen nur noch die mit herausgefallenen Trennhäutchen entfernen.
5. Die Avocado längs halbieren, den Kern entfernen und das Fruchtfleisch mit einem Löffel aus der Schale lösen. Fruchtfleisch würfeln oder in Scheiben schneiden.
6. Die Linsen mit dem Dressing vermischen, auf zwei Teller verteilen und die Avocadowürfel und Granatapfelkerne obenauf geben. Nach Belieben mit frischem Thymian bestreuen.

INFO: Der Granatapfel ist die Zauberfrucht für Herz, Blutgefäße, Gehirn, Leber, Darm! Die roten Kernchen sind voll von Mineral- und sekundären Pflanzenstoffen, die außerdem noch die Immunabwehr stärken und Entzündungen bekämpfen. Damit alle Inhaltsstoffe ihre volle Wirkung entfalten, sollten Sie die leckeren Kerne essen. Fertigsaft oder gar Tabletten haben keine nachgewiesene Wirksamkeit.

LINSENSALAT MIT TOMATEN UND ROTEN ZWIEBELN

Für 2 Portionen
Pro Portion: 303 kcal / 12,3 g E / 15,1 g F / 25,6 g KH / 8,0 g Bal

ZUTATEN

- 1 kleine rote Zwiebel
- 3 EL Apfelessig
- Salz, Pfeffer
- 2 EL Leinöl
- 1 Dose Linsen (265 g Abtropfgewicht)
- 1 kleine Stange Lauch (ca. 100 g vorbereitet gewogen)
- 300 g Fleischtomaten

1. Die Zwiebel abziehen, längs halbieren und in Streifen schneiden. Aus Apfelessig, Salz, Pfeffer und Leinöl in einer Salatschüssel mit dem Schneebesen ein Dressing rühren. Die Zwiebelstreifen darin verrühren.
2. Die Linsen in ein Sieb geben, abtropfen lassen und zu den Zwiebeln geben. Alles etwas durchziehen lassen.
3. In der Zwischenzeit den Lauch abziehen, am oberen Ende auffächern und gründlich waschen. Lauch mit viel Grün in Ringe schneiden. Die Tomaten waschen, längs halbieren und die Stielansätze entfernen. Das Fruchtfleisch würfeln.
4. Beides unter die Linsen mischen und den Salat mit Salz, Pfeffer und eventuell mehr Essig abschmecken.

LINSENSALAT MIT KÜRBIS UND SPINAT

Für 2 Portionen
Pro Portion: 393 kcal / 13,9 g E / 17,2 g F / 40,5 g KH / 10,5 g Bal

ZUTATEN

- 265 g Hokkaido-Kürbis, vorbereitet gewogen (oder 1 kleine Dose, 265 g Abtropfgewicht)
- 50 g Babyspinat
- 3 EL Apfelessig
- 2 EL Leinöl
- Salz, Pfeffer
- 1 Dose Tellerlinsen (265 g Abtropfgewicht)
- 1 Kästchen Kresse
- 50 g eingelegte getrocknete Tomaten

1. Den Kürbis waschen (die Schale wird mitverwendet), entkernen und in mundgerechte Würfel schneiden. Oder Dosenkürbis in ein Sieb geben und abtropfen lassen.
2. 250 ml Wasser in einen Topf füllen, einen Dampfgareinsatz hineingeben und den Kürbis einfüllen. Zugedeckt ca. 10 Minuten kochen, bis der Kürbis bissfest ist. Abkühlen lassen.
3. Spinat waschen, verlesen, gut abtropfen lassen und zwei Teller damit auslegen.
4. Aus Apfelessig, Leinöl, Salz und Pfeffer in einer Salatschüssel mit dem Schneebesen ein Dressing rühren.
5. Linsen in ein Sieb geben und abtropfen lassen. Anschließend zusammen mit dem Kürbis zum Dressing geben, gut vermischen und über den Spinat löffeln.
6. Kresse waschen, trocken schütteln und die Blättchen vom Vlies schneiden. Zusammen mit den getrockneten Tomaten auf den Salat geben.

INFO: Hokkaido-Kürbis ist die beliebteste Kürbissorte. Man muss ihn nicht schälen, weil die Schale – anders als bei den übrigen Sorten – sehr schnell gar wird. Die kleinsten Exemplare wiegen schon etwa 700 g, wovon Sie nach dem Putzen ca. 400 g »ernten« können. Verwenden Sie ruhig auch größere Kürbisse – Sie können die Reste für den Haferporridge auf Seite 61 oder für die Kürbissuppe mit Kidneybohnen auf Seite 132 verwenden.

BUCHWEIZENSALAT MIT GEBRATENEM ROSENKOHL

Für 4 Portionen
Pro Portion: 509 kcal/ 11,0 g E / 30,8 g F / 43,4 g KH / 7,5 g Bal

ZUTATEN

- 2 Stängel Lauchzwiebeln
- 1 Knoblauchzehe
- 1,5 EL Rapsöl
- 75 g Buchweizen roh
- 225 ml Wasser oder Gemüsebrühe
- 150 g Rosenkohl
- 2 Stängel glatte Petersilie
- 40 g Walnusskerne
- 2 EL Apfelessig
- 1 EL Walnuss- oder Olivenöl
- Salz, Pfeffer
- 2 EL Granatapfelkerne (ca. 25 g)

1. Die Lauchzwiebeln abziehen und mit viel Grün in feine Ringe schneiden. Den Knoblauch schälen und durch eine Knoblauchpresse drücken. Beides mit ½ EL Rapsöl in einen beschichteten kleinen Topf geben und unter Rühren glasig dünsten.
2. Den Buchweizen in ein Sieb füllen und unter heißem Wasser abbrausen. Mit Wasser oder Brühe zu den Zwiebeln geben, aufkochen lassen und anschließend bei milder Hitze in 10–15 Minuten weich kochen. Eventuell etwas Flüssigkeit nachgießen.
3. In der Zwischenzeit den Rosenkohl putzen und dabei die äußeren Blätter entfernen. Größere Exemplare halbieren. Im restlichen Öl in einer beschichteten Pfanne unter Rühren goldgelb anbraten.
4. Die Petersilie waschen und mit Küchenpapier trocken tupfen. Die Blätter von den Stängeln zupfen und hacken.
5. Die Walnüsse hacken und nach Belieben in einer beschichteten Pfanne ohne Fett goldgelb rösten.
6. In einer Salatschüssel aus Essig, Walnussöl, Salz und Pfeffer mit dem Schneebesen ein cremiges Dressing rühren. Petersilie, Walnüsse und Rosenkohl dazugeben.
7. Den Buchweizen untermischen. Mit Salz und Pfeffer abschmecken und 15 Minuten durchziehen lassen.
8. Salat mit Granatapfelkernen bestreuen und lauwarm oder erkaltet servieren.

INFO: Keine Sorge wegen der vielen Kohlenhydrate. Die kommen vom Buchweizen, der voller Vitalstoffe steckt. Besonders erwähnenswert davon ist Mangan, das für einige Stoffwechselprozesse lebenswichtig ist. Zum Beispiel zum Aufbau von Knorpel und Bindegewebe und zur Bildung von Sexualhormonen. Wichtig ist auch Inositol, das zu den B-Vitaminen zählt und zusammen mit Cholin den Mikronährstoff Lecithin bildet. Dieser hält unter anderem Gehirn und Nerven fit.

ROTKOHLSALAT MIT ROSINEN UND MÖHREN

Für 2 Portionen
Pro Portion: 257 kcal / 4,1 g E / 14,2 g F / 24,4 g KH / 7,3 g Bal

ZUTATEN

- 300 g Rotkohl, frisch oder tiefgekühlt
- 1 Orange
- 30 g Rosinen
- 150 g Möhren
- 2 Stängel glatte Petersilie
- 2 EL Walnuss- oder Avocadoöl
- 2 EL Apfelessig
- ¼ TL gemahlener Zimt
- Salz, Pfeffer

1. Wenn Sie tiefgekühlten Rotkohl verwenden, diesen auftauen lassen. Die Orange auspressen – das soll ca. 100 ml Saft ergeben. Saft in eine Salatschüssel geben und die Rosinen darin 15–20 Minuten einweichen.
2. Frischen Rotkohl in Blätter teilen und die harten Mittelrippen entfernen. Blätter in Streifen schneiden. Die Möhren schälen, putzen, waschen und grob raspeln. Die Petersilie waschen, mit Küchenpapier trocken tupfen und die Blätter von den Stängeln zupfen.
3. Alle vorbereiteten Zutaten in die Salatschüssel zu den Rosinen geben und gut vermischen.
4. Aus Öl, Essig, Zimt, Salz und Pfeffer mit dem Schneebesen in einer kleinen Schüssel ein cremiges Dressing rühren und mit dem Salat vermischen. Zubereitung mit frischem Rotkohl wenn möglich 1 Stunde ziehen lassen, damit der Rotkohl weicher wird, und nochmals mit Salz und Pfeffer abschmecken.

TIPPS: Dieses Rezept könnten Sie auch gleich für 4 Portionen machen, da auch die kleinsten Köpfe Rotkohl schon mehr als ½ kg wiegen. Der Salat kann gut ein paar Tage im Kühlschrank aufbewahrt werden und schmeckt auch als Mittagsimbiss zum Mitnehmen.

Sie können auch tiefgekühlten Rotkohl (meist als Apfel-Rotkohl im Handel) verwenden.

INFO: Die Farbe des Rotkohls hängt vom pH-Wert des Bodens ab, auf dem er wächst. Auf basischen Böden wird er eher blau, auf sauren Böden rot. Röter oder eher blau werden kann er auch bei der Zubereitung: Säuren wie Essig oder Apfel färben rot, Zutaten wie Natron oder Zucker verändern ins Bläuliche. Das mag interessant sein, hat aber nichts damit zu tun, wie gesund der Rotkohl ist. Magnesium, Kalium und Selen sind in erster Linie dafür verantwortlich. Dann ist da noch sein hoher Gehalt an sekundären Pflanzenstoffen, die entzündungshemmend wirken und das Immunsystem stärken.

KICHERERBSENSALAT MIT ROTER BETE

Für 2 Portionen
Pro Portion: 526 kcal / 14,2 g E / 36,5 g F / 30,2 g KH / 10,8 g Bal

ZUTATEN

- 1 kleine Dose Kichererbsen (265 g Abtropfgewicht)
- ½ Zitrone
- 2 EL Olivenöl
- Salz, Pfeffer
- 200 g Rote Bete (vorgekocht im Supermarkt)
- 30 g Babyspinat, Feldsalat oder Rucola
- 1 Kästchen Kresse
- 100 g Frischkäse
- 30 g Walnuss- oder Pistazienkerne

TIPP: Aus der Dose oder aus dem Glas sind Kichererbsen superpraktisch. Es gibt sie aber auch in getrockneter Form, die Sie vorkochen und portionsweise einfrieren können.

1. Die Kichererbsen in ein Sieb geben und über einer Schüssel abtropfen lassen.
2. Die halbe Zitrone auspressen – Sie benötigen ca. 30 ml Saft. Aus Zitronensaft, Olivenöl, Salz und Pfeffer mit dem Schneebesen in einer Salatschüssel ein Dressing rühren. Nach Belieben 1–2 EL der Kichererbsenflüssigkeit einrühren – das macht das Dressing cremiger.
3. Die Roten Beten aus der Packung nehmen und in mundgerechte Würfel schneiden. Spinat oder Salat waschen, verlesen und gut abtropfen lassen.
4. Kichererbsen, Rote Beten und Spinat auf zwei Teller verteilen und mit dem Dressing beträufeln.
5. Kresse waschen, gut trocken schütteln, die Pflänzchen mit einer Schere vom Vlies schneiden und unter den Salat mischen. Den Frischkäse über den Salat löffeln und anschließend mit den Nüssen bestreuen.

KICHERERBSEN VORKOCHEN

Für 16 Portionen à 125 g
Pro Portion: 122 kcal / 6,4 g E / 1,9 g F / 18,1 g KH / 3,4 g Bal

ZUTATEN

500 g getrocknete Kichererbsen
1500 ml Wasser
1 TL Backpulver

1. Trockene Erbsen in ein Sieb geben und mit kaltem Wasser abbrausen. In reichlich kaltem Wasser über Nacht einweichen, damit sie quellen. Je länger (bis zu 24 Stunden) Sie die Kichererbsen quellen lassen, desto kürzer ist die Kochzeit.
2. Kichererbsen durch ein Sieb abgießen, das Einweichwasser wegschütten und Erbsen gründlich abbrausen. Im Einweichwasser ist schon ein Teil des giftigen Phasin gelöst.
3. Kichererbsen in einen mittelgroßen Topf geben und mit Wasser bedecken. Nach Belieben Backpulver zugeben, das schützt vor Blähungen. Nicht salzen! Aufkochen lassen, den eventuell entstandenen Schaum abschöpfen und Erbsen 20–35 Minuten sanft köcheln lassen. Eventuell etwas Wasser nachgießen, je nach Alter der getrockneten Früchte variiert die Kochzeit.
4. Die Kichererbsen sind gar, wenn sie leicht mit einem Messer durchgeschnitten werden können. Das Kochwasser kann als »Aquafaba« verwendet werden.

INFO:

• Wie alle Hülsenfrüchte sind auch Kichererbsen reich an Proteinen. Dazu kommt ein hoher Gehalt an Eisen (Aufnahme wird durch Vitamin C verbessert) und Kalzium, was für eine feste Knochenstruktur wichtig ist. Folsäure, Selen, Kupfer, Eisen, Mangan und Zink – die Aufzählung ließe sich noch weiter verlängern. Auf jeden Fall tragen die runzeligen Kügelchen zu einer Rundumversorgung für einen gesunden und fitten Körper bei.

• Rohe Kichererbsen sind nicht für den Verzehr geeignet, sie enthalten das giftige Phasin. Durch Kochen wird dieses jedoch unschädlich gemacht.

KICHERERBSENSALAT MIT GURKE UND TOMATEN

Für 2 Portionen
Pro Portion: 365 kcal/ 14,8 g E / 20,7 g F / 25,4 g KH / 9,4 g Bal

ZUTATEN

1 kleine Dose Kichererbsen (265 g Abtropfgewicht)
2 EL Apfelessig
2 EL Leinöl
Salz, Pfeffer
1 rote Zwiebel
200 g Salatgurke
50 g Rucola oder Feldsalat
200 g Rispentomaten
30 g Parmesan

1. Die Kichererbsen in ein Sieb geben und über einer Schüssel abtropfen lassen.
2. Aus Apfelessig, Leinöl, Salz und Pfeffer mit dem Schneebesen in einer Salatschüssel ein Dressing rühren. Nach Belieben 1–2 EL der Kichererbsenflüssigkeit einrühren – das macht das Dressing cremiger.
3. Die Zwiebel abziehen, längs halbieren und in dünne Streifen schneiden. Gleich unter das Dressing mischen und ziehen lassen – das macht die Zwiebeln milder und weicher.
4. In der Zwischenzeit die Salatgurke waschen. Mit einem Sparschäler längs in dünne Bänder oder einfach in Scheiben schneiden. Rucola waschen, abtropfen lassen, verlesen und– wenn nötig – die harten Stiele entfernen. Tomaten waschen und würfeln.
5. Gurke, Salat und Tomaten zum Dressing geben und alles gut vermischen. Auf zwei Teller verteilen und den Parmesan darüber reiben.

BOHNENSALAT MIT PAPRIKA

Für 2 Portionen
Pro Portion: 448 kcal/ 16,3 g E / 16,1 g F / 50,5 g KH / 19,5 g Bal

ZUTATEN

1 große Dose weiße Bohnen (500 g Abtropfgewicht)

½ Zitrone

2 EL Leinöl

Salz, Pfeffer

1 Prise Zimt

½ TL Paprikapulver rosenscharf oder edelsüß nach Belieben

1 rote Zwiebel

2 rote Paprikaschoten

2 Stängel glatte Petersilie

1. Die Bohnen in ein Sieb geben und über einer Schüssel abtropfen lassen.
2. Die halbe Zitrone auspressen – Sie benötigen ca. 30 ml Saft. Zitronensaft mit Leinöl, Salz, Pfeffer, Zimt und eventuell Paprikapulver in einer Salatschüssel mit dem Schneebesen zu einem Dressing verrühren. Nach Belieben 1–2 EL Bohnenflüssigkeit einrühren – das macht das Dressing cremiger.
3. Die Zwiebel abziehen, klein würfeln und mit dem Dressing vermischen. Paprikaschoten waschen, putzen, in Würfel schneiden und zusammen mit den Bohnen untermischen.
4. Petersilie waschen, gut trocken schütteln, die Blätter von den Stängeln zupfen, hacken und den Salat damit bestreuen.

TIPP: Zusätzlich können Sie den Salat mit Walnusskernen bestreuen. 30 g hacken und in einer beschichteten Pfanne ohne Fett rösten. Damit hat der Salat 549 kcal / 18,9 g E/ 25,5 g F /51,5 g KH und 20,4 g Ballaststoffe. Das gibt ein Gesundheitsplus für Ihre Eiweiß- und Ballaststoffbilanz.

Konserven und Tiefgekühltes – da ist auch viel Gutes dabei!

Klar, dass jeder, der sich gesund ernähren möchte, zuallererst an frische Zubereitungen denkt. Zu oft hat man schon gelesen oder gehört, dass industriell hergestellte Mahlzeiten und Fertigprodukte schädliche Zusatzstoffe enthalten, dick machen und mitverantwortlich sind für verschiedene Zivilisationskrankheiten. Das stimmt auch.

Mit einigen Produkten allerdings aus der »Konservenküche« können Sie viel Zeit, Mühe und letztendlich auch Strom bei den Zubereitungen sparen, ohne auf Nährstoffe zu verzichten.

Dabei handelt es sich hauptsächlich um Konserven mit Hülsenfrüchten: rote oder schwarze Bohnen, weiße Bohnen, sogar in verschiedenen Sorten und alle auch in verschiedenen Größen erhältlich. Auch verarbeitete Tomaten, ob gehackt, passiert oder im Ganzen, können gerne verwendet werden. Mitunter ist ihr Aroma besser als das der oft wässrigen oder zu früh geernteten Exemplare aus Gewächshäusern.

Mais gehört auch zu beliebten Gemüsekonserven – wer will sich schon die Mühe machen, Maiskolben zu pulen.

In den Rezepten werden alle beschriebenen Konserven verwendet – Sie finden für Hülsenfrüchte aber auch Angaben, wie Sie diese kostensparend für mehrere Portionen roh vorkochen und dann einfrieren können.

Tiefgekühltes ist ebenfalls besser als sein Ruf – das trifft insbesondere auf Obst und Gemüse zu, das tatsächlich sofort nach der Ernte im Erzeugerland verarbeitet und schockgefrostet wird. Dabei entsteht eine dünne Eisschicht, sodass Nährstoffe und Flüssigkeit nicht entweichen können.

Der Vitamin-C-Gehalt ist in Tiefkühlprodukten höher als in frischen Produkten, die länger unterwegs waren und zu Hause schon drei Tage gelagert wurden. Speziell im Winter enthalten Früchte aus dem Tiefkühler mehr Vitamine als lange gelagerte Produkte aus den Kühlhäusern oder lange transportierte Ware von weither.

Beachten Sie aber, dass die Kühlkette vom Einkauf bis in Ihre Küche nicht unterbrochen wird. Dazu sind Kühl-Akkus sehr hilfreich. Lesen Sie, wenn Sie ein Produkt zum ersten Mal kaufen, die Lebensmittelkennzeichnung. Bisweilen sind Farbstoffe, Aromen und Konservierungsstoffe zugesetzt – diese sollten Sie vermeiden.

Die Kohlgemüse, Bohnen, Erbsen, Möhren, sogar Kartoffeln gibt es tiefgekühlt, meist in 1-kg-Packungen. Wenn Sie ein geräumiges Kühlfach im Kühlschrank haben oder vielleicht sogar einen Tiefkühler, können Sie die Gemüse auf Vorrat halten. So haben Sie immer die Zutaten für eine schnelle Suppe oder einen Eintopf zur Hand. Meist können Sie das gefrorene Gemüse und Obst direkt ohne langes Auftauen verwenden.

Wenn Sie zur Saison Gemüse selbst einfrieren wollen: gründlich waschen, klein schneiden, kurz in kochendes Wasser tauchen, sofort in eiskaltem Wasser abschrecken, portionsweise luftdicht verpacken und gleich in die Tiefkühltruhe geben. Die meisten Tiefkühltruhen haben für diesen Einfriervorgang eine Tieftemperaturtaste.

Bevor Sie im Gefrierfach Ihres Kühlschranks einfrieren, schauen Sie bitte auf die Bedienungsanleitung. Im 1-Stern-Fach können Sie Gekauftes etwa eine Woche lang lagern, im 2-Sterne-Fach bis zu einen Monat und im 3-Sterne-Fach etwa ein Jahr lang. Erst ein 4-Sterne-Fach mit mindestens −24 °C ist kalt genug, um auch selbst einzufrieren.

MAISSALAT MIT BOHNEN UND AVOCADO

Für 2 Portionen
Pro Portion: 488 kcal / 10,0 g E / 33,7 g F / 27,1 g KH / 18,8 g Bal

ZUTATEN

½ Zitrone oder Limette

2 EL Leinöl

Salz, Pfeffer

1 kleine Dose Kidneybohnen (145 g Abtropfgewicht)

1 kleine rote Zwiebel

1 kleine reife Avocado (ca. 150 g)

150 g Cocktailtomaten

1 kleine grüne oder rote Paprikaschote

1 kleine Dose Mais (140 g Abtropfgewicht)

2 Stängel glatte Petersilie

1. Die Zitrone auspressen – Sie benötigen etwa 30 ml Saft. Leinöl, Salz, Pfeffer und 2 EL Zitronensaft in eine Salatschüssel geben und mit dem Schneebesen zu einem cremigen Dressing rühren.
2. Die Kidneybohnen in ein Sieb geben und dabei die abgegossene Flüssigkeit auffangen. Nach Belieben 1–2 EL der Bohnenflüssigkeit (»Aquafaba«, siehe Seite 107) unter das Dressing rühren.
3. Die Zwiebel abziehen, in kleine Würfel schneiden und mit dem Dressing vermischen. Etwas ziehen lassen, dann wird die Zwiebel weicher und milder.
4. In der Zwischenzeit die Avocado längs halbieren, den Kern entfernen und das Fruchtfleisch mit einem Löffel aus der Schale heben. Fruchtfleisch würfeln und gleich mit dem restlichen Zitronensaft beträufeln.
5. Die Cocktailtomaten waschen und je nach Größe halbieren oder vierteln. Die Paprikaschote waschen, putzen und in kleine Würfel schneiden. Die Dose Mais öffnen und die Flüssigkeit abgießen. Die Petersilie waschen, trocken schütteln, die Blätter von den Stängeln zupfen und grob hacken.
6. Alle vorbereiteten Zutaten in die Salatschüssel geben, gut vermischen und mit Salz und Pfeffer abschmecken.

GNOCCHI-SALAT MIT LACHS

Für 2 Portionen
Pro Portion: 487 kcal / 14,9 g E / 19,8 g F / 56,4 g KH / 11,5 g Bal

ZUTATEN

- 300 g Gnocchi (Fertigprodukt aus dem Kühlregal)
- 100 g grüner Salat, zum Beispiel Lollo Bionda oder Eichblatt
- 100 g Cocktailtomaten
- 1 rote Paprikaschote
- 2 EL Apfelessig
- 2 EL Leinöl
- Salz, Pfeffer
- 2 EL gehackte Kräuter, frisch oder tiefgekühlt
- 80 g geräucherter Bio-Lachs

1. Die Gnocchi nach Packungsanleitung kochen, durch ein Sieb abgießen und abkühlen lassen.
2. In der Zwischenzeit den Salat waschen, gut abtropfen lassen und in Streifen schneiden. Die Tomaten waschen, trocken tupfen und halbieren oder vierteln. Die Paprikaschote waschen, putzen und in kleine Würfel schneiden.
3. Aus Essig, Leinöl, Salz und Pfeffer in einer Salatschüssel mit dem Schneebesen ein cremiges Dressing rühren. Mit gehackten frischen oder tiefgekühlten Kräutern verfeinern.
4. Gnocchi und die vorbereiteten Salatzutaten zum Dressing geben und alles gut vermischen. Den Lachs in Streifen schneiden, zu Röschen aufdrehen und obenauf geben.

BOWL MIT HAFERKÖRNERN UND ROTER BETE

Für 2 Portionen
Pro Portion: 575 kcal / 26,9 g E / 30,8 g F / 44,2 g KH / 6,9 g Bal

ZUTATEN

100 g Bio-Haferkörner (oder 250 g vorgekochte Körner, siehe Seite 59)

200 ml Wasser

Salz

300 g Rote Bete (vorgekocht, vakuumiert)

30 g Rucola

4 hart gekochte Eier

2 EL Apfelessig

2 EL Leinöl

Pfeffer

50 g Hüttenkäse

1. Den Hafer in ein Sieb geben und kalt abbrausen. Wasser mit 1 Prise Salz in einen kleinen Topf geben, den Hafer zufügen. Zum Kochen bringen und anschließend auf kleinster Flamme 30 Minuten zugedeckt köcheln lassen. Dann 15 Minuten offen ausdampfen und weiter quellen lassen.
2. Die Roten Beten aus der Packung nehmen und in Würfel schneiden. Rucola waschen, verlesen und eventuell die harten Stiele entfernen. Gut abtropfen lassen. Die Eier schälen und halbieren.
3. Aus Apfelessig, Leinöl, Salz und Pfeffer in einer kleinen Schüssel mit dem Schneebesen ein Dressing rühren.
4. Gekochten Hafer und Rote Beten auf zwei Tellern nebeneinander anrichten, Rucola und Hüttenkäse darauf geben und alles mit dem Dressing beträufeln.

REISSALAT MIT THUNFISCH

Für 2 Portionen
Pro Portion: 494 kcal / 28,7 g E / 23,2 g F / 40,8 g KH / 3,6 g Bal

ZUTATEN

- 100 g Natur- oder normalen Langkornreis (oder ca. 220 g vorgekochter Reis)
- Salz
- 250 ml Wasser (für normalen Reis 200 ml)
- 2 EL Olivenöl
- 2 EL Apfelessig
- Pfeffer
- 2 Stängel glatte Petersilie
- 150 g Cocktailtomaten
- 1 Dose Thunfisch naturell (ca. 115 g Abtropfgewicht)
- 2 hart gekochte Eier, Größe M
- 1 EL Leinsaat nach Belieben

1. Reis in ein Sieb geben und kalt abbrausen. Gut abtropfen lassen und mit Salzwasser in einen kleinen Topf geben. Zugedeckt aufkochen lassen und anschließend bei kleinster Hitze garen, bis an der Oberfläche kleine Vertiefungen zu sehen sind. Mit einer Gabel auflockern und offen ausdampfen lassen. Für den Salat vollständig erkalten lassen.
2. Aus Öl, Essig, Salz und Pfeffer in einer Salatschüssel mit dem Schneebesen ein Dressing rühren. Die Petersilie waschen, trocken schütteln, die Blätter von den Stängeln zupfen und hacken. Mit dem Dressing vermischen.
3. Die Tomaten waschen und halbieren. Die Dose Thunfisch öffnen und die Flüssigkeit abgießen. Hartgekochte Eier schälen und hacken. Alles mit dem Reis zum Dressing geben und gut vermischen.
4. 15 Minuten oder länger durchziehen lassen, dann nochmals mit Salz und Essig abschmecken. Auf zwei Teller verteilen und nach Belieben mit Leinsaat bestreuen.

TIPPS:

- Dieser italienische Klassiker kann je nach Haushalt und Vorlieben ganz unterschiedlich ausfallen. Manchmal kommen Schinken- oder Käsewürfel dazu, Oliven, eingelegte Sardellen oder getrocknete Tomaten. Als Gemüse sind auch Möhren oder Erbsen sehr beliebt.

- Wenn Sie öfters solchen gesunden Reis essen oder mitnehmen wollen, sollten Sie diesen für 4–6 Portionen vorkochen und portionsweise entweder einige Tage im Kühlschrank aufbewahren oder einfrieren.

REISSALAT MIT RÄUCHERLACHS

Für 2 Portionen
Pro Portion: 515 kcal / 16,7 g E / 36,9 g F / 25,5 g KH / 8,4 g Bal

ZUTATEN

- 60 g Reis (ca. 125 g vorgekocht)
- 150 ml Wasser
- ½ Zitrone
- 2 EL Oliven- oder Leinöl
- Salz, Pfeffer
- 1 kleine, reife Avocado
- 100 g Brokkoliköpfchen
- 100 g Feldsalat
- 80 g geräucherter Bio-Lachs
- schwarzer Pfeffer aus der Mühle

1. Den Reis in ein Sieb geben, kalt abbrausen und mit dem Wasser in einen kleinen Topf geben. Aufkochen lassen und anschließend zugedeckt auf kleinster Flamme ca. 10 Minuten ziehen lassen, bis sich an der Oberfläche kleine Löcher zeigen. Dann mit einer Gabel auflockern und ausdampfen und auskühlen lassen.
2. Die halbe Zitrone auspressen – Sie benötigen 30 ml Saft. Olivenöl mit Salz, Pfeffer und Zitronensaft in eine Salatschüssel geben und mit einem Schneebesen zu einem cremigen Dressing rühren.
3. Die Avocado längs halbieren, den Kern entfernen, das Fruchtfleisch mit einem Löffel herausheben und in Würfel schneiden. Mit dem Dressing vermischen.
4. Brokkoliköpfchen vom Strunk schneiden und in kleine, mundgerechte Stücke teilen. Feldsalat waschen, gut abtropfen lassen und verlesen. Beides in die Salatschüssel geben und untermischen. Den gekochten Reis unterheben. Salat mit Salz und Pfeffer abschmecken und auf zwei Teller verteilen.
5. Den Lachs in Streifen schneiden, zu Röllchen aufdrehen und auf dem Salat verteilen. Mit Pfeffer aus der Mühle bestreuen.

TIPPS:

- Am preiswertesten ist es, losen Reis zu verarbeiten. Dafür die gewünschte Menge (60 g pro Portion als Beilage, 100–125 g pro Portion als Hauptgericht) mit der doppelten Menge Wasser in einem kleinen Topf zum Kochen bringen, zugedeckt auf kleinster Flamme ca. 20 Minuten garen lassen und anschließend mit einer Gabel auflockern und ausdampfen lassen. Sie können größere Mengen Reis, zum Beispiel eine 500-g-Packung, vorkochen und portionsweise einfrieren oder auch ein paar Tage zugedeckt im Kühlschrank aufbewahren.
- Wer sich nicht die Mühe des Reiskochens machen möchte, findet im Handel Reisbeutel (meistens à 125 g), die einfach nur ins kochende Wasser gegeben werden, oder auch vorgekochten Reis, der in der Mikrowelle oder im Topf in 3 Minuten fertig ist.

KÜRBISSALAT MIT AVOCADO UND WEINTRAUBEN

Für 2 Portionen
Pro Portion: 574 kcal / 11,5 g E / 42,8 g F / 31,1 g KH / 9,4 g Bal

ZUTATEN

265 g Hokkaido-Kürbis, vorbereitet gewogen (oder 1 kleine Dose, 265 g Abtropfgewicht)

250 ml Wasser

1 Orange

2 EL kaltgepresstes Oliven- oder Traubenkernöl

Salz, Pfeffer

1 kleine reife Avocado

50 g Rucola, Feldsalat oder Radicchio

100 g dunkle oder helle Weintrauben

100 g Schafskäse

2 EL Granatapfelkerne (aus dem Kühlregal)

10 Stück ganze ungeschälte Mandeln

1. Den Kürbis waschen (die Schale wird mitverwendet), entkernen und in mundgerechte Würfel schneiden. Oder Dosenkürbis in ein Sieb geben und abtropfen lassen.
2. Wasser in einen Topf füllen, einen Dampfgareinsatz hineingeben und den Kürbis einfüllen. Zugedeckt ca. 10 Minuten kochen, bis der Kürbis bissfest ist. Abkühlen lassen.
3. Die Orange halbieren. Eine Hälfte auspressen, die andere Hälfte schälen und würfeln. Orangensaft, Olivenöl, Salz und Pfeffer in eine Salatschüssel geben und mit dem Schneebesen ein cremiges Dressing rühren. Die Orangenwürfel dazugeben.
4. Die Avocado längs halbieren, den Kern entfernen, das Fruchtfleisch mit einem Löffel herausheben und würfeln. Gleich mit dem Dressing vermischen.
5. Rucola waschen, verlesen und abtropfen lassen. Die Weintrauben von den Reben zupfen und je nach Größe halbieren oder vierteln. Den Schafskäse in Würfel schneiden.
6. Kürbis, Rucola, Trauben und Granatapfelkerne in die Salatschüssel geben und alles gut vermischen. Mit Salz und Pfeffer abschmecken, auf zwei Teller verteilen und Mandeln und Schafskäse darauf streuen.

TIPPS: Nicht nur die Weintrauben tragen mit ihrem Gehalt an Resveratol (Anti-Aging, Langlebigkeit) zur Herzgesundheit bei. Auch das aus ihren Kernen hergestellt Traubenkernöl schützt mit dem hohen Anteil an ungesättigten Fettsäuren vor Ablagerungen in den Blutgefäßen. Um in den Genuss aller Vorzüge dieses Öls zu kommen, sollten Sie kaltgepresstes Öl verwenden. Besser in kleinen Mengen kaufen, da es leicht ranzig werden kann. Oder schnell verbrauchen, zum Beispiel auch als Körperöl oder als Beigabe zur täglichen Gesichtspflege gegen Pigmentflecke. Oder gegen sprödes Haar ein paar Tropfen in die Haarspitzen.

BOWL MIT HAFER, TOMATENSALAT UND RUCOLA

Für 2 Portionen
Pro Portion: 590 kcal / 28,9 g E / 31,1 g F / 38,2 g KH / 6,5 g Bal

ZUTATEN

100 g Bio-Haferkörner (oder 250 g vorgekochte Körner, siehe Seite 59)
200 ml Wasser
Salz
300 g Fleischtomaten
1 Kugel Mozzarella
50 g Rucola
3 EL Apfelessig
1 EL Leinöl
Pfeffer
10 g Butter oder Bratöl
2 Eier, Größe M
1 EL Leinsaat

1. Den Hafer in ein Sieb geben und kalt abbrausen. Wasser mit 1 Prise Salz in einen kleinen Topf geben und den Hafer zufügen. Zum Kochen bringen und anschließend auf kleinster Flamme 30 Minuten zugedeckt köcheln lassen. Dann 15 Minuten offen ausdampfen und weiter quellen lassen.
2. Die Tomaten waschen, halbieren, die Stielansätze und eventuell Kerne entfernen und das Fruchtfleisch würfeln. Mozzarella aus der Packung nehmen, abtropfen lassen und ebenfalls würfeln.
3. Rucola waschen, verlesen, eventuell die harten Stiele entfernen und die Blätter nach Belieben in Streifen schneiden.
4. Hafer, Tomaten, Mozzarella und Rucola auf zwei Teller verteilen. Aus Apfelessig, Leinöl, Salz und Pfeffer in einer kleinen Schüssel ein Dressing rühren und über die Bowl träufeln.
5. Butter in einer beschichteten Pfanne schmelzen, die beiden Eier hineinschlagen und bei milder Hitze stocken lassen. Auf den Hafer legen und das Ganze mit der Leinsaat bestreuen.

SUPPEN UND EINTÖPFE

Für zuhause und unterwegs

Suppen, Eintöpfe oder Gemüsegerichte – bei vielem kommen auch Konserven wie zum Beispiel Mais, Bohnen oder Linsen zum Einsatz. Das spart viel Zeit und auch Mühe, wenn man die langen Kochzeiten von Hülsenfrüchten bedenkt.

Diese Rezepte sind für 2 Portionen konzipiert. Bei den Suppen können Sie gerne eine Ausnahme machen: einfach multiplizieren und die Suppen für 4 oder 6 Portionen zubereiten. Das hat mit »Meal Prep«, aber auch mit Energie- und Arbeitszeitersparnis zu tun.

Alle Suppenrezepte sind so entworfen, dass sie problemlos 2–3 Tage im Kühlschrank aufbewahrt werden können. Auch portionsweises Einfrieren ist möglich, sodass Sie sich einen kleinen Vorrat zulegen können. Eingefrorene Suppe kann auch entsprechend verpackt mitgenommen werden und taut dann auf, bis sie zu Mittag nur noch erhitzt werden muss. Sie können gerne auch tiefgekühltes Gemüse verwenden. Dieses wird in der Regel frisch vom Feld verarbeitet und eingefroren, sodass der Nährstoffverlust sehr gering ist.

Als Flüssigkeit wird für die Suppen fast immer Gemüsebrühe empfohlen, die es auch in Bio-Qualität ohne Zusätze gibt. Nach Belieben können Sie aber auch nur Wasser (dann vielleicht etwas beherzter mit Kräutern würzen) oder Fleischbrühen verwenden.

TOMATEN-PAPRIKA-SUPPE

Für 2 Portionen
Pro Portion: 150 kcal / 3,6 g E / 8,5 g F / 14,4 g KH / 5,3 g Bal

ZUTATEN

3 Stängel Lauchzwiebeln
1 Knoblauchzehe
1 rote Paprikaschote
100 g Zucchini
200 g reife Tomaten
1 EL Olivenöl
250 ml Gemüsebrühe (Fertigprodukt)
Salz, Pfeffer
1 EL Aceto Balsamico
einige Basilikumblätter nach Belieben

1. Lauchzwiebeln abziehen, putzen und mit viel Grün in Ringe schneiden. Knoblauchzehe schälen und in Scheiben schneiden.
2. Paprikaschote waschen, putzen und in Würfel schneiden. Zucchini waschen, putzen und ebenfalls in Würfel schneiden. Die Tomaten waschen, halbieren, die Stielansätze herausschneiden und das Fruchtfleisch klein schneiden.
3. Olivenöl in einem mittelgroßen Topf erhitzen und Zwiebeln und Knoblauch unter Rühren leicht anbraten.
4. Das vorbereitete Gemüse und die Brühe dazugeben, aufkochen lassen und etwa 20 Minuten auf kleiner Flamme köcheln lassen, bis das Gemüse sehr weich ist. Wenn vorhanden, mit dem Pürierstab nicht allzu fein pürieren.
5. Die Suppe mit Salz, Pfeffer und Essig abschmecken, auf zwei Teller verteilen und nach Belieben mit Basilikumblättern dekorieren.

TIPPS:

- An heißen Sommertagen können Sie die kalorienarme Suppe auch eisgekühlt essen. Dafür sollte sie nach dem Abkühlen mindestens 3 Stunden – besser über Nacht – in den Kühlschrank.
- Es könnte sich lohnen, gleich 4 Portionen zu kochen, denn die Suppe kann 2–3 Tage im Kühlschrank aufbewahrt oder auch eingefroren werden.

PAPRIKA-MÖHREN-SUPPE

Für 2 Portionen
Pro Portion: 221 kcal / 3,8 g E / 12,2 g F / 19,7 g KH / 8,6 g Bal

ZUTATEN

- 1 Zwiebel
- 1 rote Paprikaschote
- 300 g Möhren
- 1 Orange (am besten Blutorange)
- 1 EL kaltgepresstes Rapsöl
- 1 TL Paprikapulver edelsüß oder rosenscharf
- 200 ml Gemüsebrühe (Fertigprodukt)
- Salz, Pfeffer
- 2 EL Schnittlauch in Röllchen
- 2 TL Lein- oder Nussöl

1. Die Zwiebel abziehen und klein würfeln. Die Paprikaschote waschen und putzen. Nach Belieben aus der Mitte der Schoten sehr schmale Ringe zur Dekoration herausschneiden. Restliches Fruchtfleisch würfeln. Die Möhren schälen, putzen und in dünne Scheiben schneiden. Die Orange auspressen.
2. Rapsöl in einem beschichteten Topf erhitzen und die Zwiebelwürfel unter Rühren goldgelb andünsten. Das Gemüse dazugeben und unter Rühren leicht anschwitzen.
3. Paprikapulver unterrühren und mit Brühe aufgießen. Aufkochen lassen und anschließend 20 Minuten bei mittlerer Hitze weich köcheln lassen.
4. Suppe mit dem Pürierstab nach Belieben grob oder fein pürieren. Den Orangensaft dazugeben und die Suppe mit Salz und Pfeffer abschmecken.
5. Auf Teller, Gläser oder Tassen verteilen und die Paprikaringe in die Mitte setzen, mit Schnittlauch bestreuen und mit Leinöl beträufeln.

TIPP: Die kalorienarme Suppe eignet sich sehr gut zum Mitnehmen oder zum Einfrieren. Sie können das Rezept daher für 4 Portionen zubereiten. Bei sommerlicher Hitze schmeckt die Suppe auch gekühlt sehr gut.

LAUCHSUPPE MIT KARTOFFELN

Für 2 Portionen
Pro Portion: 222 kcal / 5,6 g E / 7,4 g F / 30,5 g KH / 5,6 g Bal

ZUTATEN

250 g Lauch
300 g Kartoffeln
2 Knoblauchzehen
1 EL kaltgepresstes Rapsöl
400 ml Gemüsebrühe (Fertigprodukt)
½ TL Anissamen nach Belieben
Salz, Pfeffer

1. Den Lauch abziehen, am oberen Ende längs einschneiden, auffächern und gründlich waschen. Lauch mit viel Grün in Ringe schneiden. Die Kartoffeln schälen, waschen und in mundgerechte Stücke schneiden.
2. Knoblauchzehen abziehen und in dünne Scheiben schneiden. Rapsöl in einem mittelgroßen Topf erhitzen und Knoblauch unter Rühren goldgelb anbraten. Lauch dazugeben und kurz mit anbraten.
3. Die Gemüsebrühe angießen und die Kartoffeln dazugeben. Nach Belieben mit Anissamen würzen. Etwa 15 Minuten bei mittlerer Hitze köcheln lassen, bis das Gemüse weich ist. Dann mit Salz und Pfeffer abschmecken.

INFO: Anis ist nicht nur in Hustenbonbons, Lakritz und auf Weihnachtsplätzchen gut. Sein kräftiges Aroma würzt auch Suppen, Eintöpfe und Gemüsepfannen. Als Heilpflanze ist Anis für die Verdauung gut, hilft bei Blähungen und wirkt entzündungshemmend. Anissamen bekommen Sie in Bioläden und an Gewürzständen auf Märkten.

TOMATEN-REIS-SUPPE

Für 2 Portionen
Pro Portion: 238 kcal/ 4,0 g E / 14,8 g F / 19,7 g KH / 4,8 g Bal

ZUTATEN

- 1 kleine Zwiebel
- 45 g Naturreis (ca. 100 g vorgekocht)
- 1 EL kaltgepresstes Rapsöl
- 500 ml Gemüsebrühe
- 200 g Staudensellerie
- 400 g reife Fleischtomaten
- 1 TL getrockneter Oregano (wahlweise auch Majoran oder Thymian)
- etwas Zitronensaft
- Salz, Pfeffer

1. Die Zwiebel abziehen, längs halbieren und in feine Scheiben schneiden. Den Reis in ein Sieb geben und kalt abbrausen. (Wenn Sie vorgekochten Reis verwenden, kommt dieser erst später dazu.)
2. Rapsöl in einem beschichteten Topf erhitzen und die Zwiebel unter Rühren andünsten. Reis und Gemüsebrühe dazugeben und 15 Minuten bei schwacher Hitze köcheln lassen.
3. In der Zwischenzeit Staudensellerie waschen, putzen und in ½ cm dicke Scheiben schneiden. Die Tomaten waschen, halbieren und Kerne und Stielansätze entfernen. Das Fruchtfleisch von 1 Tomate in schmale Spalten schneiden und beiseitelegen. Das restliche Tomatenfruchtfleisch würfeln.
4. Sellerie, Tomatenwürfel und Oregano zum Reis geben und 10 Minuten bei mittlerer Hitze weich kochen lassen.
5. Tomatenspalten (und jetzt eventuell den vorgekochten Reis) dazugeben und noch 5 Minuten in der Suppe erhitzen.
6. Suppe mit Zitronensaft, Salz und Pfeffer pikant abschmecken und auf zwei Teller verteilen.

TIPP: Auch dieses kalorienarme Suppenrezept können Sie für 4 Portionen planen. Die Suppe lässt sich für ein paar Tage im Kühlschrank aufheben oder einfrieren. Eine feinere Variante zum Beispiel für Gäste bekommen Sie, wenn Sie die Tomaten zuvor schälen. (Mit heißem Wasser überbrühen, kalt abschrecken und die Haut abziehen.)

SÜSSKARTOFFELSUPPE

Für 2 Portionen
Pro Portion: 259 kcal / 3,6 g E / 8,0 g F / 40,3 g KH / 5,8 g Bal

ZUTATEN

- 1 Zwiebel
- 1 Knoblauchzehe
- 300 g Süßkartoffeln
- 1 EL kaltgepresstes Rapsöl
- 1 TL gemahlene Kurkuma
- 500 ml Gemüsebrühe
- 50 g Frischkäse
- etwas Zitronensaft
- Salz, Pfeffer
- 2 EL Schnittlauch in Röllchen
- Paprika- oder Chilipulver nach Belieben

1. Die Zwiebel abziehen und in Ringe schneiden, den Knoblauch schälen und hacken. Die Süßkartoffeln waschen, schälen und in ca. 1,5 cm große Würfel schneiden.
2. Öl in einem mittelgroßen Topf erhitzen und Zwiebel und Knoblauch unter Rühren goldgelb anrösten. Süßkartoffel in den Topf geben und unter Rühren etwa 3 Minuten anbraten.
3. Kurkuma und Gemüsebrühe dazugeben und 15 Minuten bei mittlerer Hitze weich kochen.
4. Suppe mit einem Pürierstab pürieren. (Alternativ mit einem Kartoffelstampfer arbeiten.) Den Frischkäse einrühren, bis er aufgelöst ist. Anschließend mit Zitronensaft, Salz und Pfeffer abschmecken.
5. Auf zwei tiefe Teller verteilen und mit Schnittlauch und – nach Belieben – Paprikapulver bestreuen.

TIPP: Als Topping für diese und andere Suppen kommen auch ungesalzene geröstete Erdnüsse (mit Häutchen!) oder Kürbiskerne infrage. Diese enthalten Resveratrol, welches die Süßkartoffelsuppe noch herzgesünder macht.

INFO: Immer wenn Sie Kurkuma verwenden, sollten Sie großzügig mit frisch gemahlenem schwarzem Pfeffer würzen. Dieser verstärkt die entzündungshemmende Wirkung des gelben Gewürzes um ein Zehnfaches.

ERBSENSUPPE MIT MINZE

Für 2 Portionen
Pro Portion: 264 kcal / 10,9 g E / 9,6 g F / 29,2 g KH / 9,0 g Bal

ZUTATEN

- 1 kleine Zwiebel
- 150 g mehligkochende Kartoffeln
- 2 Stängel frische Minze
- 1 EL kaltgepresstes Rapsöl
- 250 g Erbsen (TK)
- 300 ml Gemüsebrühe (Fertigprodukt)
- 1 EL Zitronensaft
- Salz, Pfeffer
- 1 TL Wasabi-Paste nach Belieben
- 2 EL saure Sahne

1. Die Zwiebel abziehen und klein würfeln. Die Kartoffel schälen, waschen und in ca. 1 cm große Würfel schneiden. Die Minze waschen, gut trocken schütteln und die Blätter abzupfen und hacken.
2. Rapsöl in einem mittelgroßen Topf mild erhitzen und darin Zwiebel- und Kartoffelwürfel unter Rühren andünsten.
3. Erbsen, Gemüsebrühe und ¾ der Minze dazugeben und 18–20 Minuten leicht kochen lassen, bis das Gemüse weich ist.
4. Suppe mit einem Kartoffelstampfer oder Pürierstab nicht allzu fein pürieren. Anschließend mit Zitronensaft, Salz, Pfeffer und – wer es scharf mag – Wasabi abschmecken.
5. Die saure Sahne einrühren und dabei nicht mehr kochen lassen. Auf zwei Teller verteilen und mit der restlichen Minze bestreuen.

INFO: Wasabi – japanischer Meerrettich oder Wasserrettich – gehört zur Familie der Kreuzblütler. Die Wurzeln werden zu einer scharfen Paste verarbeitet, die Vitamin C und Vitamin B_6 (für Nerven und Fettstoffwechsel) enthält. Die grüne Paste ist sehr scharf – tasten Sie sich langsam ran, wenn Sie Schärfe nicht gewohnt sind.

Erbsen enthalten 7 % Eiweiß! Dazu viel Vitamin E, Beta-Carotin (das vom Organismus in Vitamin A umgewandelt wird), Eisen, Magnesium und Zink – alles Stoffe, die Ihnen helfen können, rundherum fit und gesund zu bleiben.

KÜRBISSUPPE MIT KIDNEYBOHNEN

Für 2 Portionen
Pro Portion: 190 kcal / 7,7 g E / 1,4 g F / 33,4 g KH / 6,5 g Bal

ZUTATEN

1 kleine rote Zwiebel
350 g Hokkaido-Kürbis, vorbereitet gewogen
1 Prise gemahlener Zimt
300 ml Gemüsebrühe (Fertigprodukt)
1 große Fleischtomate
1 kleine Dose Kidneybohnen (145 g Abtropfgewicht)
2 Stängel Dill
Salz, Pfeffer

1. Die Zwiebel abziehen und in Ringe schneiden. Die Kürbisschale mit einem feuchten Tuch abreiben, die Kerne entfernen und das Fruchtfleisch in etwa 2 cm große Würfel schneiden.
2. Zwiebel und Kürbis mit Zimt und Gemüsebrühe in einen Topf geben und 10–12 Minuten bissfest kochen.
3. In der Zwischenzeit die Tomate waschen, vierteln, Stielansätze und Kerne entfernen und das Fruchtfleisch würfeln. Die Bohnen in ein Sieb geben und abtropfen lassen. Dabei die Bohnenflüssigkeit auffangen. Den Dill waschen, trocken schütteln, die Blätter von den Stängeln zupfen und fein hacken.
4. Tomaten und Kidneybohnen zum Kürbis geben und alles zusammen 6 Minuten bei milder Hitze erhitzen. Wenn die Suppe cremiger werden soll, können Sie etwas von der proteinreichen Bohnenflüssigkeit einrühren.
5. Mit Salz und Pfeffer abschmecken, auf zwei Teller verteilen und mit Dill bestreuen.

TIPPS:

- Pikant dazu sind Fenchelsamen mit ihrem würzigen Aroma, die außerdem gut gegen Entzündungen wirken. 1 TL davon im Mörser oder auf der Arbeitsfläche zerdrücken und zugleich mit den Kidneybohnen zur Suppe geben.
- Sie können auch gerne 4 Portionen zubereiten und die Suppe grob pürieren, dann eignet sie sich gut zum Einfrieren.

ASIA-ROSENKOHLSUPPE MIT KOKOSMILCH

Für 2 Portionen
Pro Portion: 418 kcal / 10,9 g E / 31,8 g F / 16,5 g KH / 11,0 g Bal

ZUTATEN

- 350 g Rosenkohl
- 3 Stängel Lauchzwiebeln
- 1 Stück frischer Ingwer, etwa walnussgroß
- 1 EL kaltgepresstes Rapsöl
- 300 ml Gemüsebrühe (Fertigprodukt)
- 1 kleine Dose Kokosmilch (200 ml)
- ½ Limette oder Zitrone
- Salz, Pfeffer
- Sonnenblumen- oder Kürbiskerne nach Belieben

TIPP: Wenn noch Zitronengras ins Spiel kommt, wird die Suppe richtig asiatisch. 1 Stängel längs aufschlitzen, die harten Blätter entfernen und das weiche, weiße Innere in Scheiben schneiden und in Schritt 3 dazugeben.

1. Den Rosenkohl, putzen, die äußeren Blätter entfernen und die Röschen halbieren. Die Lauchzwiebeln abziehen und mit viel Grün in Ringe schneiden. Den Ingwer schälen und in kleine Würfel schneiden.
2. Das Rapsöl in einem beschichteten Topf mild erhitzen und Lauchzwiebeln und Ingwer andünsten.
3. Rosenkohl einrühren und mit Brühe aufgießen. Das Ganze ca. 20 Minuten bei mittlerer Hitze kochen, bis das Gemüse weich ist. Nach Belieben gröber oder feiner pürieren oder den Rosenkohl ganz lassen.
4. Die Kokosmilch einrühren. Suppe mit Limettensaft, Salz und Pfeffer würzen und noch einmal kurz aufkochen lassen. Auf zwei Teller verteilen und nach Belieben mit Sonnenblumen- oder Kürbiskernen bestreuen.

BOHNENSUPPE MIT MÖHREN

Für 2 Portionen
Pro Portion: 216 kcal / 7,2 g E / 7,9 g F / 23,9 g KH / 10,3 g Bal

ZUTATEN

- 1 kleine Zwiebel
- 1 Knoblauchzehe
- 1 rote Paprikaschote
- 150 g Möhren
- 1 EL Rapsöl
- 400 ml Gemüsebrühe (Fertigprodukt)
- 1 kleine Dose weiße Bohnen (145 g Abtropfgewicht)
- 2 Stängel glatte Petersilie
- Salz, Pfeffer

1. Die Zwiebel abziehen und in feine Ringe schneiden. Knoblauchzehe schälen und in Scheiben schneiden.
2. Paprikaschote waschen, putzen und würfeln. Möhren schälen, waschen und in etwa 1 cm große Würfel schneiden.
3. Rapsöl in einem mittelgroßen Topf erhitzen und Zwiebel und Knoblauch goldgelb andünsten. Paprika und Möhren unterrühren und mit Brühe aufgießen. Bei milder Hitze 15 Minuten köcheln lassen.
4. Die Bohnen nach Belieben mit der Flüssigkeit zur Suppe geben oder vorher durch ein Sieb abgießen. Alles zusammen 2–3 Minuten darin erhitzen.
5. In der Zwischenzeit die Petersilie waschen, trocken schütteln und die Blätter von den Stängeln zupfen.
6. Suppe mit Salz und Pfeffer abschmecken, auf zwei Teller verteilen und mit Petersilie bestreuen.

TIPP: Gut passt obenauf etwa 1 EL grob geraspelter Parmesan pro Portion. Für mehr Proteine kommen auch 100 g gewürfelter Schafskäse infrage. Wer sich vegan ernährt, kann den Eiweißträger Tofu gewürfelt in die Suppe mischen.

SAUERKRAUTSUPPE

Für 2 Portionen
Pro Portion: 104 kcal / 3,7 g E / 0,5 g F / 16,7 g KH / 8,7 g Bal

ZUTATEN

100 g Möhren
150 g Kartoffeln
1 Lorbeerblatt
400 ml Gemüsebrühe (Fertigprodukt)
1 TL Paprikapulver, edelsüß oder rosenscharf
1 kleine Dose Sauerkraut (300 g Füllgewicht)
1 Lorbeerblatt
Salz, Pfeffer

1. Möhren und Kartoffeln schälen, putzen und waschen. Möhren in feine Streifen (»Juliennes«) schneiden oder grob raspeln. Kartoffeln in mundgerechte Stücke schneiden.
2. Kartoffeln, Lorbeerblatt und Gemüsebrühe in einen Topf geben, zum Kochen bringen und 10 Minuten auf kleiner Hitze köcheln lassen.
3. Möhren und Paprikapulver in die Suppe rühren. Das Sauerkraut mit einer Gabel zerpflücken und dazugeben. Suppe weitere 10 Minuten köcheln lassen.
4. Mit Salz und Pfeffer würzen.

TIPPS:

- Geben Sie nach Belieben auf jede Portion noch 1–2 EL Naturjoghurt. Das macht sich immer gut zu Sauerkraut und ist auch für einen gesunden Darm sehr nützlich.
- Wenn etwas übrig bleibt, können Sie die Suppe gut im Kühlschrank 2–3 Tage aufbewahren oder tiefkühlen.

SOBA-NUDEL-SUPPE MIT TOFU UND PILZEN

Für 2 Portionen
Pro Portion: 459 kcal / 23,3 g E / 16,6 g F / 54,2 g KH / 6,6 g Bal

ZUTATEN

- 1 kleine Zwiebel
- 50 g Grünkohl, kleine Brokkoliröschen oder Spinat (frisch oder TK)
- 100 g Räuchertofu
- 75 g weiße oder braune Champignons
- 1 EL Sesamsaat
- 1 EL kaltgepresstes Rapsöl
- 1,4 l Wasser
- 150 g Soba-Nudeln (Buchweizennudeln im Bioladen oder Reformhaus)
- 1–2 EL helle Sojasoße
- Salz, Pfeffer

1. Die Zwiebel abziehen und klein würfeln. Grünkohl oder anderes grünes Gemüse waschen, putzen und in mundgerechte Stücke schneiden oder zupfen. Tiefgekühltes Gemüse antauen lassen. Räuchertofu würfeln. Champignons putzen, mit einer weichen Bürste oder Küchenpapier säubern und in Scheiben schneiden.
2. Sesamsaat nach Belieben in einer beschichteten Pfanne rösten und beiseitestellen.
3. Rapsöl in einer beschichteten Pfanne mild erhitzen und die Zwiebelwürfel unter Rühren hellgelb anbraten. Gemüse und Champignons dazugeben und 2–3 Minuten anbraten. Den Tofu einrühren und kurz mitbraten.
4. Mit 400 ml Wasser – nach Belieben auch Gemüsebrühe – aufgießen, aufkochen lassen und beiseitestellen.
5. Soba-Nudeln in einem zweiten Topf im restlichen Wasser nach Packungsanleitung weich kochen. Durch ein Sieb abgießen und unter die vorbereitete Suppe mischen. Auf zwei Teller verteilen und mit Sesamsaat bestreuen.

INFO: In Japan kennt man Buchweizennudeln schon lange. Soba heißen sie dort und werden oft und gerne, sogar eisgekühlt im Sommer, gegessen. Zu Silvester sind Soba ein Muss, da das Essen von langen Nudeln als Wunsch für langes Leben gilt. In New York City gibt es eine Menge »Sobaya«, so heißen die Restaurants und Take-aways, in denen diese Buchweizennudeln angeboten werden.

Buchweizen – ob in Form von Nudeln, Mehl oder Körnern – liefert Ihnen alle acht wichtigen Aminosäuren, des Weiteren Magnesium, Eisen, Zink und Vitamin B_6. Alles Stoffe, die Sie für gesunde Knochen, ein stabiles Herz-Kreislauf-System, Regulation von Blutzucker und Cholesterin brauchen. Bauen Sie diese leckere Nudelvariante öfter in Ihren Speiseplan ein. Das müssen keinesfalls immer asiatische Zubereitungen sein, Sie können sie auch statt Ihrer gewohnten Weizenspaghetti genießen.

GEMÜSEGERICHTE

Nicht nur für Veggies

Viele abwechslungsreiche Gemüsegerichte gibt es in diesem Kapitel – damit sollten sich auch Fleischesser ab und zu an Hauptmahlzeiten aus dem Veggie-Spektrum gewöhnen können. Der Gesundheit zuliebe, aber auch um die Geschmacksnerven zu beeindrucken. Die Vielfalt der heimischen Gemüse und deren verschiedene Aromen sind oftmals kulinarische Offenbarungen, was sich auch die Sterneküche zunutze macht.

Was aber auch noch wichtig ist: Sie brauchen nicht lange in der Küche zu stehen. Alle Gerichte sind im Handumdrehen vorbereitet. Sie dürfen auch Konserven zur Hilfe nehmen sowie das ein oder andere Fertigprodukt. Quiche-Teig zum Beispiel können Sie in guter Qualität in Kühlregalen finden. Wer den Teig selbst machen will, findet dafür ein Rezept auf Seite 145.

Bei den Gemüsegerichten finden Sie auch einige Zubereitungen mit Hülsenfrüchten, die Ihnen viele Ballaststoffe und Proteine liefern und praktischerweise in guter Qualität in Konserven verfügbar sind.

Zweimal gibt's auch Spiegelei. Denn Eier sind bedeutsam für Ihre Proteinzufuhr und enthalten darüber hinaus jede Menge Vitalstoffe. Die früheren Warnungen vor zu viel Cholesterin im Ei sind, moderater Genuss angenommen, widerlegt.

Gerne können Sie die meisten Gerichte auch für 4 oder mehr Portionen zubereiten – dafür einfach die Zutaten multiplizieren und die Kochzeit ein klein wenig verlängern.

BLUMENKOHLCURRY MIT KÜRBIS UND SPINAT

Für 2 Portionen
Pro Portion: 464 kcal / 8,9 g E / 32,2 g F / 30,1 g KH / 9,0 g Bal

ZUTATEN

- 200 g Blumenkohl (ca. ½ Kopf, geputzt)
- 265 g Hokkaido-Kürbis, geputzt gewogen (oder 1 kleine Dose, 265 g Abtropfgewicht)
- 50 g frischer oder TK-Spinat
- 1 Stück Ingwer (walnussgroß)
- 1 kleine Zwiebel
- 1 EL kaltgepresstes Rapsöl
- 1 TL Madras-Currypulver (nach Geschmack auch mehr)
- 1 TL gemahlene Kurkuma
- 100 ml Wasser
- 1 kleine Dose cremige Kokosmilch (200 ml)
- Salz, Pfeffer

1. Blumenkohl waschen und in mundgerechte Röschen teilen. Den Strunk klein würfeln. Die Kürbisschale mit einem feuchten Tuch reinigen, die Kerne entfernen und das Fruchtfleisch würfeln. Spinat waschen, putzen und in einem Sieb abtropfen lassen.
2. Ingwer und Zwiebel schälen und in sehr kleine Würfel schneiden. Rapsöl in einem beschichteten Topf erhitzen, Ingwer und Schalotten hineingeben und kurz anschwitzen. Blumenkohl und frischen Kürbis dazugeben und unter Rühren etwas anbraten.
3. Curry und Kurkuma unterrühren und mit Wasser oder Brühe ablöschen. Die Kokosmilch dazugießen und alles 10 Minuten auf kleiner Flamme köcheln lassen, bis das Gemüse bissfest ist.
4. Den tropfnassen Spinat (und ggf. den Kürbis aus der Dose) einrühren und zugedeckt 3–4 Minuten köcheln lassen, bis der Spinat zusammengefallen ist. Mit Salz und Pfeffer abschmecken und auf zwei tiefe Teller verteilen.

TIPPS:

- Machen Sie doch gleich 4 Portionen von diesem Curry. Aufgewärmt schmeckt das Gemüse noch intensiver. Sie können das Gericht auch portionsweise einfrieren.
- Wer mag, kann das Gericht mit Erdnüssen bestreuen, die zuvor in der beschichteten Pfanne ohne Fett goldgelb geröstet wurden. Sie enthalten Folsäure, B-Vitamine und Saponine – alles gut für Ihre Gesundheit.

ROSENKOHL-QUICHE

Für 4 Portionen
Pro Portion: 518 kcal / 18,3 g E / 34,1 g F / 32,3 g KH / 4,3 g Bal

ZUTATEN

300 g Rosenkohl
Wasser
300 g Quiche-Teig (Fertigprodukt oder selbstgemacht, Rezept Seite 145)
200 ml Schmand
1 TL Backpulver
2 Eier, Größe M
Salz, Pfeffer
50 g geriebener Parmesan

INFO: Fertigen Quiche-Teig bekommen Sie in gut sortierten Supermärkten. Je nach Hersteller sind 270 oder 300 g in einer Packung.

1. Den Rosenkohl putzen, äußere Blätter entfernen und größere Exemplare halbieren und in einen Dampfgareinsatz legen. Wasser in einen passenden Topf geben, Dampfgareinsatz einhängen und Rosenkohl ca. 10 Minuten bissfest dämpfen.
2. Den Backofen auf 180 °C Ober-/Unterhitze (Umluft 160 °C) vorheizen.
3. Den Quiche-Teig – wenn nötig – ausrollen und eine Form (Ø ca. 25 cm) damit auskleiden und am Rand hochziehen. Am Boden mehrmals mit einer Gabel einstechen. Den Rosenkohl darauf verteilen.
4. Schmand, Backpulver, Eier, Salz und Pfeffer in einer Schüssel gut verquirlen und über den Rosenkohl gießen. Mit Parmesan bestreuen und 40–45 Minuten auf der mittleren Schiene backen, bis die Oberfläche goldbraun ist.

BUCHWEIZEN MIT GERÖSTETEN PAPRIKASTREIFEN

Für 2 Portionen
Pro Portion: 373 kcal / 8,6 g E / 9,6 g F / 59,9 g KH / 5,3 g Bal

ZUTATEN

- 150 g Buchweizen, ganze Körner
- 450 ml Wasser oder Gemüsebrühe
- 1 kleine Zwiebel
- 2 Stängel glatte Petersilie oder 2 Blätter grüner Salat
- 1 EL Olivenöl
- 1 EL Tomatenmark
- 1 Dose gegrillte Paprika (ca. 200 g Einwaage)
- Salz, Pfeffer
- etwas Zitronensaft nach Belieben

1. Buchweizen in ein Sieb füllen und heiß abbrausen. Mit der Brühe in einen kleinen Topf geben, aufkochen und offen 10 Minuten bei geringer Hitze köcheln lassen. Vom Herd nehmen, mit einer Gabel auflockern und ausdampfen lassen.
2. Die Zwiebel abziehen und klein würfeln. Die Petersilie waschen, mit Küchenpapier trocken tupfen, die Blätter von den Stängeln zupfen und in Streifen schneiden. Wenn Sie Salatblätter verwenden, diese waschen und in Streifen schneiden.
3. Olivenöl in einer Pfanne erhitzen und die Zwiebelwürfel darin glasig dünsten. Tomatenmark dazugeben und kurz mitbraten. Die Paprikastreifen unterrühren und erhitzen.
4. Den Buchweizen in die Pfanne dazugeben und alles gut vermischen. Mit Salz, Pfeffer und – nach Belieben – Zitronensaft abschmecken und mit Petersilie bestreuen.

QUICHE MIT GRÜNEN BOHNEN

Für 4 Portionen
Pro Portion: 458 kcal / 26,8 g E / 24,1 g F / 32,3 g KH / 2,5 g Bal

ZUTATEN

- 200 g grüne Bohnen, frisch oder TK
- Wasser
- 300 g Quiche-Teig (Fertigprodukt oder selbstgemacht, Rezept Seite 145)
- 1 Dose Thunfisch naturell (ca. 130 g Abtropfgewicht)
- 250 g Quark (20 % Fett i. Tr.)
- 50 ml Milch (1,5 % Fett)
- 2 Eier, Größe M
- 1 TL gemahlene Kurkuma
- Salz, Pfeffer

1. Frische Bohnen putzen, in etwa 3 cm lange Stücke schneiden und in einen Dampfgareinsatz legen. (TK-Bohnen ebenfalls im Dampfgareinsatz unter Dampf auftauen lassen.) Wasser in einen passenden Topf füllen, Dampfgareinsatz einhängen und Bohnen ca. 10 Minuten bissfest dämpfen.
2. Den Backofen auf 180 °C Ober-/Unterhitze (Umluft 160 °C) vorheizen.
3. Den Quiche-Teig – wenn nötig – ausrollen und eine Form (Ø ca. 25 cm) damit auskleiden und am Rand hochziehen. Am Boden mehrmals mit einer Gabel einstechen. Die Bohnen darauf verteilen.
4. Thunfischdose öffnen, den Saft abgießen und die Fischstücke auf den Bohnen verteilen.
5. Quark, Milch, Ei, Kurkuma, Salz und Pfeffer in einer Schüssel glattrühren und die Creme über die Quiche streichen.
6. Im Ofen auf der mittleren Schiene backen, bis die Quiche am Rand goldgelb ist.

TIPP: Ein Quiche-Teig ist ganz einfach selbst zu machen. Sie können ihn auch für Tartelettes, Blechkuchen oder Kekse verwenden.

QUICHE-TEIG SELBST MACHEN

Für 4 Portionen
Pro Portion: 292 kcal / 3,8 g E / 17,3 g F / 29,5 g KH / 1,0 g Bal

ZUTATEN

75 g kalte Butter
1 Ei, Größe M
½ TL Salz
150 g Mehl Type 550
1 EL kaltes Wasser

1. Die Butter in kleinen Stücken in eine Schüssel geben, das Ei dazugeben und gut verrühren.
2. Die übrigen Zutaten dazugeben und alles – am besten mit den Händen – zu einem krümeligen Teig kneten.
3. Den Teig auf die Arbeitsfläche kippen und rasch zu einer Kugel formen. In Klarsichtfolie wickeln und ½ Stunde im Kühlschrank ruhen lassen.
4. Dann ausrollen, in die Form geben, mit einer Gabel mehrmals einstechen und nach Belieben belegen.
5. Im vorgeheizten Backofen 40–45 Minuten bei 180 °C Ober-/Unterhitze (Umluft 160 °C) backen.

TIPP: Wenn Sie mehrere Portionen von dem Teig machen, kann dieser im Kühlschrank 1 Woche, im Tiefkühler – am besten schon ausgerollt und zwischen Backpapier zur Rolle geformt – bis zu 3 Monate aufbewahrt werden.

SÜSSKARTOFFELN AUS DEM OFEN MIT SCHAFSKÄSE

Für 2 Portionen
Pro Portion: 478 kcal / 12,0 g E / 24,4 g F / 49,4 g KH / 6,5 g Bal

ZUTATEN

- 2 Süßkartoffeln à ca. 200 g
- 2 EL Leinöl
- Salz
- ½ TL gemahlene Kurkuma
- gemahlener Zimt nach Belieben
- 100 g Schafskäse
- 2 Stängel krause oder glatte Petersilie

1. Den Backofen auf 200 °C Ober-/Unterhitze (Umluft 180 °C) vorheizen.
2. Die Süßkartoffeln gründlich unter fließendem Wasser abbürsten und ungeschält auf ein mit Backpapier ausgelegtes Blech setzen. Je nach Dicke 50–60 Minuten backen.
3. Leinöl mit Salz, Kurkuma und – nach Belieben – 1–2 Prisen Zimt verrühren. Den Schafskäse mit einer Gabel grob zerbröseln. Die Petersilie waschen, mit Küchenpapier trocken tupfen und die Blätter von den Stängeln zupfen.
4. Süßkartoffeln mit einem scharfen Messer längs einschneiden, den Inhalt mit einer Gabel etwas auflockern. Mit dem gewürzten Leinöl beträufeln und mit Schafskäse und Petersilie bestreuen.

INFO: Süßkartoffeln sind nicht nur ausgezeichnete Ballaststofflieferanten. Sie werden auch als das »gesündeste Gemüse der Welt« bezeichnet. Batate, wie sie auch genannt wird, punktet mit den Vitaminen C und E sowie mit viel Beta-Carotin und sekundären Pflanzenstoffen, besonders Carotinoiden, sowie reichlich Vitamin A.

Was bis vor Kurzem nur auf süd- und mittelamerikanischen Märkten lag, hat unsere Marktstände im Sturm erobert. Süßkartoffeln werden mittlerweile auch in unseren Regionen angebaut. Außerdem ist die Pflanze ein Hingucker im Garten.

RIESENBOHNEN MIT TOMATENSOSSE

Für 2 Portionen
Pro Portion: 274 kcal, /10,4 g E, / 9,1 g F / 33,7 g KH / 7,8 g Bal

ZUTATEN

- 1 kleine Zwiebel
- 1 Knoblauchzehe
- 1 Stück Ingwer (etwa walnussgroß)
- 1 EL Olivenöl
- 1 Dose gehackte Tomaten (400 g Einwaage)
- 1 TL Honig oder Ahornsirup
- 2 EL Apfelessig
- Tabasco oder Cayennepfeffer nach Belieben
- Salz, Pfeffer
- 1 Dose Riesenbohnen (240 g Abtropfgewicht)
- 2 Stängel glatte Petersilie

1. Die Zwiebel abziehen und klein würfeln. Knoblauch und Ingwer schälen und ebenfalls in kleine Würfel schneiden.
2. Olivenöl in einem Topf erhitzen und Schalotten, Knoblauch und Ingwer unter Rühren andünsten. Die Tomaten unterrühren und bei kleiner Hitze 15 Minuten einkochen lassen. Dabei öfters umrühren. Nach Belieben gröber oder feiner mit dem Pürierstab pürieren.
3. Honig oder Ahornsirup und Essig einrühren. Mit Tabasco, Salz und Pfeffer abschmecken und auf kleiner Flamme durchziehen lassen.
4. Die Bohnen durch ein Sieb abgießen, dabei den Sud in einem Gefäß auffangen. Bohnen in die Tomatensoße rühren und nach Belieben 3–4 EL vom Sud zum Eindicken einrühren. 3 Minuten in der Soße erwärmen. Währenddessen die Petersilie waschen, mit Küchenpapier trocken tupfen und die Blätter von den Stängeln zupfen.
5. Bohnen mit Soße auf zwei Teller verteilen und mit Petersilie bestreuen.

SCHNELLE PIZZA

Für 2 Portionen
Pro Portion: 628 kcal / 32,9 g E / 29,9, g F / 57,9 g KH / 2,1 g Bal

ZUTATEN

- 200 g Pizzateig (Fertigprodukt, TK oder aus dem Kühlregal)
- 1 kleines Pck. passierte Tomaten (200 g)
- 2 Kugeln Mozzarella
- 1 EL Olivenöl nach Belieben

1. Den Backofen auf 220 °C Ober-/Unterhitze (Umluft 200 °C) vorheizen.
2. Pizzateig aus der Packung nehmen. Auf Backpapier geben und auf die gewünschte Größe und Form mit den Händen ausziehen oder ausrollen.
3. Die Tomaten auf dem Teig verstreichen. Mozzarella in dünne Scheiben schneiden und auf den Tomaten verteilen.
4. Die Pizza nach Belieben mit Olivenöl beträufeln und im Ofen 25–30 Minuten auf der mittleren Schiene backen, bis der Mozzarella geschmolzen und der Teig am Rand hellbraun ist.

TIPP: Zur Pizza schmeckt ein kleiner Salat aus Rucola oder Feldsalat. Sie können Ihre Pizza auch mit allem Möglichen belegen, so wie Sie es von Ihrem Lieblingsitaliener kennen.

INFO: Fertiger Pizzateig wird von einigen Herstellern angeboten. Qualitativ am hochwertigsten sind Bio-Produkte. Andere enthalten meist Diphosphate, was für geschädigte Nieren problematisch sein kann. Außerdem werden billige raffinierte Öle verwendet. Teige aus dem Kühlregal gibt es häufig in einer XXL-Version. Nehmen Sie davon die Hälfte und frieren Sie die andere Hälfte ein, wenn Sie nicht am nächsten Tag wieder Pizza essen wollen.

ASIA-NUDELN MIT ERBSEN UND MÖHREN

Für 2 Portionen
Pro Portion: 439 kcal / 12,3 g E / 1,2 g F / 58,4 g KH / 9,2 g Bal

ZUTATEN

150 g TK-Erbsen
250 g TK-Möhren
150 g Mie-Nudeln (im Asia-Laden oder im gut sortierten Supermarkt)
800 ml Wasser
2 EL Leinöl
Salz, Pfeffer
Sojasoße nach Belieben

1. Die Erbsen und Möhren auftauen lassen oder in 300 ml Wasser in einem kleinen Topf aufkochen lassen und anschließend durch ein Sieb abgießen.
2. Die Mie-Nudeln leicht zerbrechen, in eine Schüssel geben und mit 500 ml kochendem Wasser übergießen. 4–5 Minuten ziehen lassen, bis sie weich sind, dann durch ein Sieb abgießen.
3. Gemüse und Nudeln in einer Schüssel mit dem Leinöl vermischen und mit Salz und Pfeffer abschmecken. Nach Belieben mit Sojasoße würzen.

TIPPS:

- Sie können für diese äußerst einfache Zubereitung nach Belieben auch anderes TK-Gemüse verwenden. Wenn etwas übrig bleibt, schmecken die Asia-Nudeln mit etwas Essig auch kalt als Salat.
- Natürlich können Sie statt des TK-Gemüses auch frisches Gemüse kochen oder dämpfen.

ROTKOHL-APFEL-STEW

Für 2 Portionen
Pro Portion: 266 kcal / 4,3 g E / 11,8 g F / 31,0 g KH / 9,3 g Bal

ZUTATEN

- 400 g Rotkohl (etwa ½ mittelgroßer Kopf) oder 1 Pck. tiefgekühlt
- 1 kleine rote Zwiebel
- 1 EL kaltgepresstes Rapsöl
- 75 ml Wasser
- Salz, Pfeffer
- 1–2 EL Apfelessig
- 1 Zweig Rosmarin
- 3 kleine Äpfel à ca. 100 g
- 1 EL Butter

1. Den Rotkohl in Blätter teilen und die harten Mittelrippen entfernen. Blätter in Streifen schneiden. Die Zwiebel abziehen, längs halbieren und in feine Streifen schneiden.
2. Rapsöl in einem mittelgroßen Topf erhitzen und Zwiebel unter Rühren andünsten. Rotkohl und Wasser dazugeben und zugedeckt bei kleiner Hitze 20 Minuten bissfest dünsten.
3. In der Zwischenzeit Rosmarin waschen, mit Küchenpapier trocken tupfen und die Nadeln vom Stängel zupfen. Nadeln klein hacken. Die Äpfel nach Belieben schälen oder heiß waschen, vierteln, die Kerngehäuse entfernen und die Spalten in Scheiben schneiden.
4. Butter in einer beschichteten Pfanne mild erhitzen und Apfelscheiben und Rosmarin 2–3 Minuten anbraten. Dabei öfter wenden. Den Pfanneninhalt unter den Rotkohl rühren und nochmals abschmecken.

TIPP: Sie können auch tiefgekühlten Rotkohl (meist als Apfel-Rotkohl im Handel, allerdings mit einem sehr geringen Apfelanteil) verwenden, der portionierbar in 450-g- oder 1-kg-Packungen angeboten wird. Tiefgekühlten Rotkohl in wenig Wasser nur 10 Minuten bei milder Hitze dünsten, bis er aufgetaut ist. Anschließend mit Salz, Pfeffer und Apfelessig pikant abschmecken.

LINSENREIS »KHICHDI«

Für 2 Portionen
Pro Portion: 552 kcal / 30,5 g E / 9,7 g F / 77,4 g KH / 16,0 g Bal

ZUTATEN

- 100 g Erbsen, TK
- 150 g grüne Bohnen, frisch oder TK
- 100 g Möhren, frisch oder TK
- 1 kleine Zwiebel
- 1 EL kaltgepresstes Rapsöl
- 50 g Langkornreis
- 150 g gelbe oder rote Linsen
- 300 ml Gemüsebrühe (Fertigprodukt)
- 1 EL mildes Currypulver
- ½ TL gemahlener Koriander nach Belieben
- Salz, Pfeffer
- Zitronen- oder Limettensaft

1. Die Erbsen in eine Schüssel geben und auftauen lassen. Die Bohnen putzen, waschen und in etwa 1 cm lange Stücke schneiden. Die Möhren schälen, putzen, waschen und in kleine Würfel schneiden. Wenn Sie TK-Bohnen und Möhren verwenden, diese zusammen mit den Erbsen auftauen lassen. Die Zwiebel abziehen und fein hacken.
2. Rapsöl in einem beschichteten Topf mild erhitzen und die Zwiebel goldgelb anbraten. Den Reis dazugeben und unter Rühren kurz mitbraten, bis er glasig erscheint.
3. Linsen, grüne Bohnen und Möhren (wenn Sie frische verwenden) einrühren. Die Brühe angießen, Curry und eventuell Koriander hinzufügen. Das Ganze aufkochen und anschließend zugedeckt bei sehr kleiner Hitze 20 Minuten zugedeckt ziehen lassen, bis der Reis gar und die Linsen fast zerfallen sind. Eventuell zwischendurch etwas Flüssigkeit nachgießen.
4. Die aufgetauten Erbsen (und ggf. Bohnen und Möhren) dazugeben und 1–2 Minuten im Gericht erhitzen.
5. Linsen-Khichdi (so nennt man in Indien diese cremige Speise) mit Salz, Pfeffer und Zitronensaft abschmecken.

TIPP: Auch Blumenkohl, Tomaten oder Kidneybohnen sind beliebte Zutaten. Gerne wird Khichdi mit Knoblauch-Joghurt oder Schmand serviert und mit frischem Koriander bestreut.

LINSEN MIT SPINAT UND MÖHREN

Für 2 Portionen
Pro Portion: 259 kcal / 18,7 g E / 7,4 g F / 24,9 g KH / 9,2 g Bal

ZUTATEN

- 100 g frischer Blattspinat
- 200 g Möhren
- 200 ml Gemüsebrühe (Fertigprodukt)
- 1 Dose braune Linsen (265 g Abtropfgewicht)
- 40 g Parmesan
- Salz, Pfeffer

1. Den Spinat waschen, verlesen und in Streifen schneiden. Die Möhren schälen, putzen, waschen und würfeln.
2. Gemüsebrühe in einem mittelgroßen Topf (die Linsen sollen nachher auch darin Platz haben) geben und die Möhren darin 10 Minuten bissfest kochen. Den Spinat einrühren und zugedeckt 2 Minuten dünsten, bis er zusammengefallen ist.
3. Linsen mit ihrem Sud aus der Dose zum Gemüse geben und bei milder Hitze erwärmen. Währenddessen den Parmesan fein raspeln.
4. Linsensuppe mit Salz (wenig, denn dieses ist schon im Sud enthalten) und Pfeffer abschmecken, auf zwei Teller verteilen und mit dem Parmesan bestreuen.

INFO: Linsen sind unverzichtbare Proteinpakete. Es können gerne die braunen Linsen aus der Dose verwendet werden – das spart Zeit fürs eventuell nötige Einweichen und das 40- bis 50-minütige Kochen.

Die bedeutenden Inhaltsstoffe sind in beiden Versionen vorhanden: 100 g (ungekochte) Linsen liefern Ihnen mehr als die Hälfte des Tagesbedarfs an Ballaststoffen und 23,5 g Eiweiß, dazu noch 130 mg Magnesium und 8 mg Eisen. Übrigens: Pflanzliches Eisen kann der Körper nicht so gut aufnehmen wie tierisches. Er braucht dafür Vitamin C – das ist in diesem Rezept in Spinat und Möhren schon enthalten. Wenn Sie auf Nummer sicher gehen wollen: Pressen Sie als Getränk zur Mahlzeit 1 Orange aus.

LINSEN MIT SPIEGELEI UND GEMÜSE

Für 2 Portionen
Pro Portion: 316 kcal / 18,2 g E / 13,8 g F / 24,2 g KH / 11,1 g Bal

ZUTATEN

- 200 g Möhren
- 200 g Staudensellerie
- 50 g Blattspinat
- 100 ml Wasser
- 1 Dose braune Linsen (265 g Abtropfgewicht)
- Salz, Pfeffer
- 1–2 EL Apfelessig
- 1 EL kaltgepresstes Rapsöl oder Butter
- 2 Eier, Größe M

1. Möhren schälen, putzen und waschen. Staudensellerie – wenn nötig – schälen und putzen. Beides in kleine Würfel oder Scheiben schneiden. Spinat waschen, verlesen und putzen.
2. Gemüse mit Wasser in einen mittelgroßen Topf geben und bei mittlerer Hitze zugedeckt ca. 12 Minuten weich dünsten.
3. Die Linsen durch ein Sieb abgießen und zum Gemüse geben. Linsengemüse mit Salz, Pfeffer und Apfelessig abschmecken.
4. Rapsöl oder Butter in einer kleinen beschichteten Pfanne mild erhitzen, die Eier hineingeben und bei geringer Hitze stocken lassen.
5. Linsengemüse auf zwei Teller verteilen und die Eier obenauf legen.

BROKKOLI MIT MAIS UND SPIEGELEI

Für 2 Portionen
Pro Portion: 358 kcal / 18,3 g E / 17,0 g F / 23,1 g KH / 19,9 g Bal

ZUTATEN

- 400 g Brokkoli, Blumenkohl oder eine Mischung aus beidem
- Wasser
- 1 Dose Mais (285 g Abtropfgewicht)
- 4 Stängel frischer Thymian oder 2 Stängel Petersilie
- 1 EL Olivenöl
- 2 Eier, Größe M
- Salz, Pfeffer

TIPP: Wenn Sie wollen, können Sie die Gemüsemischung auch als Salat mit einem Dressing aus Essig, Öl und Senf anrichten und hart gekochte Eier dazugeben.

1. Brokkoli oder Blumenkohl in mundgerechte Röschen teilen. Den Strunk schälen und in etwa 1 cm große Würfel schneiden. Zuerst die Würfel, dann die Köpfchen in einen Dampfgareinsatz legen.
2. Wasser in einen passenden Topf füllen, den Dampfgareinsatz einhängen und Brokkoli 10–12 Minuten bissfest dämpfen. Den Mais aus der Dose dazugeben und 3 Minuten im Dampf erwärmen.
3. In der Zwischenzeit das Olivenöl in einer beschichteten kleinen Pfanne mild erhitzen, die Eier hineingeben und stocken lassen.
4. Gemüse auf zwei Teller verteilen, mit Salz und Pfeffer bestreuen und die Spiegeleier obenauf geben.

INFO: Brokkoli ist auf jeden Fall ein Tausendsassa, um Knochen, Herz, Darm und Leber zu pflegen. Der Zauberstoff heißt Indol, der einerseits in einem gesunden Mikrobiom von den Darmbakterien produziert wird, andererseits auch in den Gemüsen aus der Familie der Kreuzblütler vorkommt. Das sind alle Kohlgemüse, aber auch Rucola, Meerrettich und Radieschen. Unter den Kohlgemüsen wiederum nimmt Brokkoli eine Königsstellung ein: Vitamin A, alle B-Vitamine, Senföle, sekundäre Pflanzenstoffe, besonders das Flavonoid Quercetin, Magnesium, Eisen, Zink – das sind nur einige aus der Liste der Stoffe, die den Brokkoli so wertvoll für unseren gesamten Organismus machen.

HÄHNCHENGULASCH MIT KICHERERBSEN UND MÖHREN

Für 2 Portionen
Pro Portion: 319 kcal /25,1 g E /11,7 g F / 23,8 g KH / 9,3 g Bal

ZUTATEN

- 1 kleine Zwiebel
- 1 Knoblauchzehe
- 150 g Möhren
- 150 g Hähnchenbrust
- 1 EL kaltgepresstes Rapsöl
- 1–2 TL Paprikapulver rosenscharf oder edelsüß
- 300 ml Gemüse- oder Hühnerbrühe (Fertigprodukt)
- 2 Stängel krause oder glatte Petersilie
- 1 Dose Kichererbsen (265 g Abtropfgewicht)
- Salz, Pfeffer

1. Die Zwiebel abziehen und klein würfeln. Die Knoblauchzehe schälen und in feine Scheiben schneiden. Die Möhren schälen, putzen, waschen und in etwa ½ cm dicke Scheiben schneiden.
2. Die Hähnchenbrust waschen, trocken tupfen und in mundgerechte Würfel schneiden.
3. Das Öl in einem mittelgroßen Topf erhitzen und Zwiebeln und Knoblauch unter Rühren andünsten. Paprikapulver dazugeben und kurz mit dünsten.
4. Die Möhren, Hähnchenbrust und Brühe dazugeben, aufkochen lassen und dann bei milder Hitze 30 Minuten oder länger sanft köcheln lassen.
5. In der Zwischenzeit die Petersilie waschen, trocken schütteln und die Blätter von den Stängeln zupfen. Die Kichererbsen in ein Sieb geben und dabei die proteinreiche Flüssigkeit auffangen.
6. Kichererbsen zum Gulasch in den Topf geben und alles zusammen weitere 5 Minuten sanft köcheln lassen. Nach Belieben 2–3 EL vom Kichererbsenwasser (»Aquafaba«) einrühren, damit die Soße sämiger wird.
7. Das Gulasch mit Salz und Pfeffer abschmecken, auf zwei Teller verteilen und mit Petersilie bestreuen.

TIPPS:

- Gulasch können Sie immer gleich für mehrere Portionen kochen, auch wenn vielleicht gerade nur eine oder zwei Portionen gegessen werden. Es lässt sich nämlich prima einfrieren oder ein paar Tage im Kühlschrank aufbewahren und schmeckt aufgewärmt noch mal so gut.
- Die Möhren in diesem Rezept können Sie auch durch Tiefkühlware ersetzen, die ohne Auftauen in die Brühe kommt.

LINSEN MIT MÖHREN AUF KARTOFFELSTAMPF

Für 2 Portionen
Pro Portion: 396 kcal / 15,9 g E / 8,1 g F / 58,7 g KH / 12,5 g Bal

ZUTATEN

- 400 g Kartoffeln
- 500 ml Wasser
- 1 kleine Zwiebel
- 150 g Möhren
- 1 TL kaltgepresstes Rapsöl
- 1 Stängel glatte Petersilie
- 1 Dose Linsen (265 g Abtropfgewicht)
- Salz, Pfeffer
- 75 ml Milch (1,5 % Fett)
- 1 EL Butter

1. Die Kartoffeln schälen, waschen und vierteln. In einen kleinen Topf geben, mit 400 ml Wasser bedecken, zum Kochen bringen und auf mittlerer Flamme in 15–18 Minuten weich kochen.
2. Die Zwiebel abziehen und klein würfeln. Die Möhren schälen, putzen, waschen und in etwa ½ cm kleine Würfel schneiden.
3. Das Öl in einem kleinen Topf erhitzen und die Zwiebelwürfel unter Rühren glasig dünsten. Möhren und 100 ml Wasser dazugeben und Möhren in ca. 10 Minuten weich kochen.
4. In der Zwischenzeit die Petersilie waschen, mit Küchenpapier trocken tupfen, die Blätter vom Stängel zupfen und fein hacken.
5. Linsen durch ein Sieb abgießen und abtropfen lassen. Zu den Möhren geben und bei geringer Hitze erwärmen. Mit Salz und Pfeffer abschmecken.
6. Das Wasser von den Kartoffeln abgießen, die Milch zufügen und mit einem Kartoffelstampfer oder einer Gabel grob zerkleinern. Die Butter einrühren, mit Salz und Pfeffer abschmecken.
7. Kartoffelstampf auf zwei Teller verteilen, die Linsen obenauf geben und das Ganze mit Petersilie bestreuen.

LINSEN MIT GEBRATENEM GEMÜSE

Für 2 Portionen
Pro Portion: 349 kcal /12,6 g E /16,5 g F / 31,6 g KH / 12,1 Bal

ZUTATEN

1 Bund Lauchzwiebeln
1 Knoblauchzehe nach Belieben
1 rote Spitzpaprikaschote
150 g Möhren
150 g Zucchini
2 EL Olivenöl
1 gehäufter TL getrockneter Thymian oder Majoran
1 Dose braune Linsen (265 g Abtropfgewicht)
Salz, Pfeffer
2 EL Apfelessig oder Zitronensaft

1. Die Lauchzwiebeln abziehen und mit viel Grün in feine Ringe schneiden. Den Knoblauch – wenn Sie ihn verwenden – schälen und klein hacken. Die Paprikaschote waschen, putzen und in etwa 1 cm große Würfel schneiden.
2. Möhren schälen, putzen und waschen, Zucchini putzen und waschen. Beides in etwa ½ cm große Würfel schneiden.
3. Das Olivenöl in einer geräumigen Pfanne erhitzen und alles vorbereitete Gemüse hineingeben. 10 Minuten unter gelegentlichem Rühren leicht anbraten. Dann mit Thymian würzen.
4. Die Linsen durch ein Sieb abgießen und untermischen. Alles zusammen weitere 5 Minuten bei reduzierter Hitze braten.
5. Mit Salz und Pfeffer abschmecken, mit Essig würzen und auf zwei Teller verteilen.

TIPPS:

- Je nach Saison können Sie auch anderes Gemüse verwenden, zum Beispiel Möhren, Kohlrabi und Rosenkohl. Achten Sie darauf, dass es insgesamt etwa 400 g Gemüse sind.
- Auch die Linsen können Sie ersetzen, zum Beispiel durch vorgekochte Buchweizen- oder Haferkörner. Auch Bohnen und Kichererbsen können so zu einer Gemüsepfanne verarbeitet werden.

LINSEN-BOLOGNESE

Für 2 Portionen
Pro Portion: 286 kcal / 14,0 g E / 48,7 g F / 34,6 g KH / 6,6 g Bal

ZUTATEN

- 1 kleine Zwiebel
- 1 Knoblauchzehe
- 1 EL Olivenöl
- 1 EL Tomatenmark
- 150 ml Gemüsebrühe (Fertigprodukt)
- je 1 TL getrockneter Majoran und Oregano
- 75 g Berglinsen oder rote Linsen
- 1 Dose passierte Tomaten (ca. 400 g Einwaage)
- Salz, Pfeffer
- Balsamessig oder Apfelessig
- einige Basilikumblätter nach Belieben

1. Zwiebel und Knoblauchzehe schälen und klein hacken. Olivenöl in einem mittelgroßen Topf erhitzen und darin Zwiebel und Knoblauch unter Rühren goldgelb anbraten.
2. Tomatenmark dazugeben und kurz mitbraten. Die Brühe angießen und Majoran, Oregano und Linsen dazugeben. Aufkochen lassen und die Linsen auf kleiner Flamme 10–15 Minuten weich kochen. Dabei öfter umrühren und eventuell etwas Flüssigkeit nachgießen.
3. Die passierten Tomaten einrühren und erhitzen. Mit Salz, Pfeffer und Balsamessig abschmecken. Eventuell die Basilikumblätter waschen, mit Küchenpapier trocken tupfen, in Streifen schneiden und über die Bolognese streuen.

TIPPS:

- Weil die Linsen-Bolognese so gut schmeckt, sich gut einige Tage im Kühlschrank aufbewahren lässt und zudem vielfältig eingesetzt werden kann, können Sie davon gleich 4 Portionen zubereiten.
- Die fleischlose Bolognese schmeckt gut zu Teigwaren aller Art, die Sie während der Kochzeit der Linsen in einem zweiten Topf nach Packungsanleitung zubereiten können. Lecker schmeckt sie aber auch als Brotaufstrich, zu gekochten Kartoffeln oder als Soße zu Geflügel.

SAUERKRAUTPUFFER MIT KNOBLAUCHJOGHURT

Für 2 Portionen à 3 Stück
Pro Portion: 447 kcal / 18,3 g E / 16,3 g F / 51,0 g KH / 11,5 g Bal
1 Stück als Snack: 149 kcal / 6,1 g E / 5,4 g F / 17,0 g KH / 3,8 g Bal

ZUTATEN

- 2 Stängel Lauchzwiebeln
- 1–2 Knoblauchzehen
- 150 g fettarmer Naturjoghurt (1,5 % Fett)
- Salz
- 150 g Kartoffeln
- 100 g Äpfel
- 50 g Dinkelvollkornmehl oder Weizenmehl Type 1050
- 25 g Haferflocken
- 2 Eier, Größe M
- Pfeffer
- 1 kleine Dose Sauerkraut (285 g Abtropfgewicht)
- 1 EL kaltgepresstes Rapsöl

1. Die Lauchzwiebeln abziehen und putzen, Knoblauchzehen schälen und beides fein hacken. Mit dem Joghurt vermischen, salzen und ziehen lassen.
2. Den Backofen auf 200 °C Ober-/Unterhitze (Umluft 180 °C) vorheizen.
3. Kartoffeln schälen, waschen und grob raspeln. Äpfel schälen, vierteln, Kerngehäuse entfernen und das Fruchtfleisch ebenfalls grob raspeln. Beides in eine Schüssel geben.
4. Dinkelmehl, Haferflocken, Eier, Salz und Pfeffer dazugeben und alles zu einem gleichmäßigen Teig verrühren.
5. Das Sauerkraut in ein Sieb geben, gut abtropfen lassen, mit einer Gabel zerpflücken und mit dem Teig vermischen.
6. Ein Backblech mit Rapsöl bepinseln. Aus dem Teig 6 Puffer von etwa 10 cm Durchmesser formen und auf das Blech legen. 10–12 Minuten im Ofen backen, dann Puffer wenden und weitere 10–12 Minuten goldgelb backen.

TIPP: Sie können auch gleich die doppelte Menge machen, denn die Puffer können gut kalt gegessen werden. Sie sind eine leckere Eiweiß- und Ballaststoffquelle.

ZWISCHENDURCH UND HINTERHER

Für den kleinen Appetit

Wenn Sie sich mit drei Hauptmahlzeiten gut satt essen, oder mit zwei Mahlzeiten, wenn Sie nach der Intervallmethode essen, brauchen Sie eigentlich keine Zwischenmahlzeiten. Die Pausen zwischen den Mahlzeiten werden empfohlen, um dem Verdauungstrakt und dem gesamten Organismus Zeit zum Verarbeiten und Verteilen der Nahrungsbestandteile zu geben. Davon profitieren auch Insulinstoffwechsel, Cholesterinspiegel, Nerven und Gehirn.

Anders verhält es sich, wenn Sie beispielsweise im höheren Alter an Appetitlosigkeit leiden oder bei einem empfindlichen Magen nicht so viel auf einmal essen können. Dann könnten Sie, wenn Sie insgesamt zu wenig essen, leicht in ein Nährstoffdefizit geraten. Um das zu vermeiden, finden Sie hier einige salzige und süße Kleinigkeiten, denn es gilt: Naschen erlaubt.

Im Anschluss an dieses Kapitel finden Sie ein weiteres mit kleinen Rezepten zu Extra-Proteinen, da diese beim Älterwerden wegen der Zellerneuerung von großer Bedeutung sind.

HAFERKEKSE MIT NÜSSEN UND DATTELN

Für 40 Stück
Pro Stück: 70 kcal / 1,3 g E / 4,7 g F / 5,1 g KH / 0,8 g Bal

ZUTATEN

- 1 Vanilleschote oder 1 TL Vanillepaste
- 50 g Datteln oder anderes Trockenobst nach Belieben
- 125 g weiche Butter
- 50 g Vollrohrzucker
- 1 Ei, Größe M
- 100 g gehackte Haselnüsse oder Mandeln
- 50 g Weizenmehl Type 1050
- 30 g Leinsamen
- ½ Pck. Backpulver
- 125 g zarte Haferflocken

1. Wenn Sie eine Vanilleschote verwenden: Schote längs aufschlitzen und das Mark mit einem Löffel herausschaben. Schote aufbewahren und zum Beispiel beim Kochen von Porridge mitverwenden. Datteln entsteinen und in kleine Würfel schneiden.
2. Butter in Flocken schneiden und mit Vanillemark, Zucker und Ei in einer Schüssel mit dem Handrührgerät zu einem glatten Teig rühren.
3. Haselnüsse, Datteln, Weizenmehl, Leinsamen, Backpulver und Haferflocken einrühren.
4. Mit einem Teelöffel 40 Plätzchen auf zwei Backbleche setzen und bei 200 °C Ober-/Unterhitze (Umluft 180 °C) ca. 15 Minuten goldbraun backen. Auskühlen lassen und in einer gut verschließbaren Dose aufbewahren.

SCHOKO-AVOCADO-CREME MIT MINZE

Für 2 Portionen

Pro Portion: 324 kcal / 5,8 g E / 25,1 g F / 12,8 g KH / 11,9 g Bal

ZUTATEN

- 1 große reife Avocado (ca. 200 g)
- 1 kleine Banane
- 25 g Kakaopulver in Rohkostqualität
- 1 Zweig frische Minze

1. Avocado längs halbieren, Kern entfernen und das Fruchtfleisch mit einem Löffel aus der Schale heben. Die Banane schälen und in Stücke schneiden.
2. Beides in eine Schüssel geben, das Kakaopulver darüberstreuen und alles mit einem Pürierstab glatt pürieren. (Alternativ die Zutaten auf einem flachen Teller mit einer Gabel möglichst fein zerdrücken.)
3. Die Minze waschen, trocken schütteln und die Blätter vom Stängel zupfen.
4. Creme auf zwei Gläser verteilen und zugedeckt im Kühlschrank durchziehen lassen. Minzeblätter vor dem Essen an die Glasränder stecken. Die Creme hält sich 2–3 Tage im Kühlschrank.

INFO: Avocados sind vollgepackt mit wichtigen Nährstoffen. Eine kleine Auswahl: Folsäure, Vitamin K und D, B_6 und E, Kalium, Kalzium, ungesättigte Fettsäuren. Diese wirken entzündungshemmend, stärken das Gedächtnis und die Knochen.

Aus ökologischer Sicht allerdings sieht die Bilanz der Avocados nicht so gut aus. Lange Transportwege und hoher Wasserbedarf haben die leckeren und gesunden Beeren (ja, es handelt sich botanisch gesehen um Beerenobst) in Verruf gebracht. Verglichen aber mit den Umweltschäden durch die Fleischproduktion stehen Avocados keinesfalls schlechter da.

Schlafen Sie gut

Auf guten Schlaf, etwa sechs bis acht Stunden pro Nacht, sollte mit zunehmendem Alter geachtet werden. Die Schlafqualität verändert sich spätestens ab dem 60. Lebensjahr. Die REM-Phasen (Rapid Eye Movement = schnelle Augenbewegung) werden kürzer, mehrere Wachphasen während der Nacht schleichen sich langsam ein. Das sind alterstypische Veränderungen und noch keine Schlafstörungen! Solange Sie sich morgens fit und ausgeschlafen fühlen, ist alles gut. Sobald Sie sich von schlechterem Schlaf beeinträchtigt fühlen, beispielsweise zu oft raus müssen, unruhige Beine haben oder tagsüber einfach unbeabsichtigt wegnicken, sollten Sie zum Arzt. Denn schlechter Schlaf führt zu vielen weiteren Beschwerden.

Während wir schlafen, passiert unglaublich viel in unserem Organismus. Unter anderem regenerieren die Muskeln, schafft das Gehirn neue Verknüpfungen und reguliert sich die Hormonproduktion. Während wir schlafen, ist auch das Immunsystem überaus aktiv, wodurch Infektionen besser bekämpft werden. Deshalb fühlen wir uns auch müde, wenn eine Erkältung oder ein grippaler Infekt naht – unser Körper will in Ruhe sein Immunsystem starten.

Gerade der Tiefschlaf, meist innerhalb der ersten drei Stunden, ist ausschlaggebend für diese Aktivitäten. Häufig sind Einschlafprobleme der Grund, warum es nicht klappt mit dem Tiefschlaf.

Förderlich für guten Schlaf ist sicherlich Entspannung, die Ihnen auch sonst gut durch den Tag helfen kann. Statt stressbedingt Süßigkeiten oder andere Snacks zu konsumieren, greifen Sie lieber zur kleinen

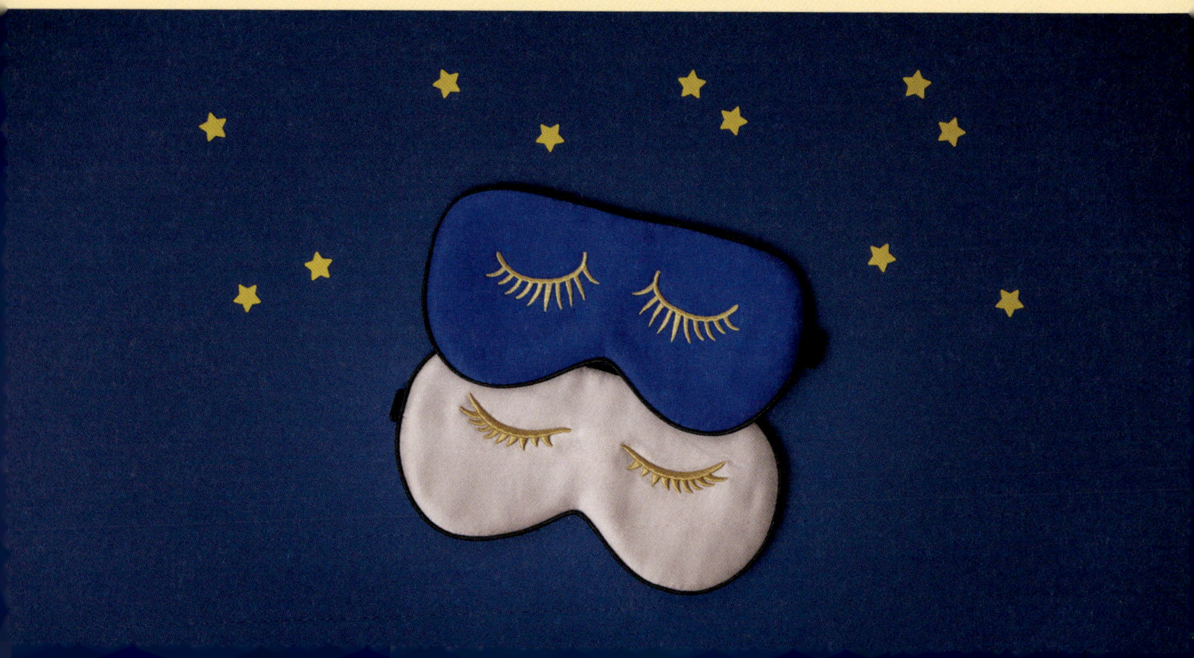

Entspannung zwischendurch. Ein kurzer Spaziergang bringt wieder Sauerstoff in Ihren Organismus. Eine kleine Meditation kann Ihnen helfen, die Dinge gelassener zu sehen und etwas Abstand zu gewinnen. Denn guter Schlaf sollte schon tagsüber vorbereitet werden.

Tipps

- Bewegen Sie sich ausreichend und machen Sie öfter mal eine Pause.
- Halten Sie das Gedankenkarussell an: Schreiben Sie alles auf, was in Ihrem Kopf rumgeistert – als Tagebuch oder To-do-Liste. Damit ist es raus aus dem Kopf und Sie können sich dem Zubettgehen widmen.
- Halten Sie nach Möglichkeit feste Schlafzeiten ein, denn der Körper liebt Routine und stellt sich darauf ein.
- Lüften Sie das Schlafzimmer gut, das bringt angenehme Kühle und Sauerstoff.
- Kalte Füße hindern viele Menschen am Einschlafen. Legen Sie sich Socken zurecht, damit Sie nicht extra aufstehen müssen.
- Kein Blaulicht im Schlafzimmer! Meiden Sie Lesen am Handy, Spiele oder Internet. Das regt das Gehirn an und lässt es nicht zur Ruhe kommen. Besser sind das gute alte Buch, ein Hörbuch oder ein Reader mit weißem Licht.
- Kräutertee, Baldriantropfen, Melisse oder Lavendelöl beruhigen und fördern das Wohlbefinden.

PIKANTES APFELKOMPOTT MIT INGWER

Für 2 Portionen
Pro Portion: 149 kcal / 0,7 g E / 7,8 g F / 17,6 g KH / 2,8 g Bal

ZUTATEN

2 große Äpfel
1 EL Zitronensaft
1 walnussgroßes Stück Ingwer
2 Stängel Lauchzwiebeln oder ½ kleine Zwiebel
1 EL Olivenöl
50 ml Wasser
Salz, Pfeffer oder Cayennepfeffer

1. Die Äpfel heiß waschen oder schälen. Vierteln, die Kerngehäuse entfernen und das Fruchtfleisch grob würfeln. Sofort mit Zitronensaft beträufeln. Ingwer schälen. Lauchwiebeln abziehen und putzen. Beides sehr klein würfeln.
2. Öl in einem kleinen Topf erhitzen und Ingwer und Schalotten darin bei milder Hitze andünsten. Äpfel und Wasser dazugeben und bei geringer Hitze musig einkochen lassen.
3. Mit Salz und Pfeffer (oder Cayennepfeffer) pikant abschmecken. Nach Belieben heiß, lauwarm oder kalt genießen.

TIPP: Das Apfelkompott passt auch gut zu gebratenem Fisch oder Geflügel. Es hält sich 3–4 Tage in einem gut verschließbaren Glas im Kühlschrank. Sie können bei Bedarf auch gleich 4 oder mehr Portionen davon zubereiten.

BANANENKUCHEN MIT NÜSSEN UND CRANBERRYS

Für 20 Scheiben
Pro Portion: 111 kcal /3,2 g E / 5,5 g F / 11,7 g KH / 1,0 g Bal

ZUTATEN

- 1 kleine Bio-Zitrone oder -Limette
- 2 Bananen (ca. 250 g geschält)
- 50 g kaltgepresstes Rapsöl
- 3 Eier, Größe M
- 100 g Quark (20 % Fett)
- 100 g Mehl Type 1050
- 100 g Haferflocken
- 1 Pck. Backpulver
- 50 g getrocknete Cranberrys
- 50 g gehackte Walnüsse
- etwas Fett für die Form

1. Den Backofen auf 180 °C Unter-/Oberhitze (160 °C Umluft) vorheizen.
2. Die Zitrone heiß waschen, Schale dünn abraspeln und die Frucht auspressen. Bananen schälen und mit einer Gabel grob zerdrücken. In eine Schüssel geben und mit dem Zitronensaft vermischen.
3. Rapsöl, Eier, Zitronenabrieb, Quark, Mehl, Haferflocken und Backpulver gut verrühren. Anschließend die Bananen, Cranberrys und Nüsse unterheben.
4. Eine Kastenform (ca. 25 cm Länge) leicht einfetten, den Teig darin verstreichen und 45 Minuten im vorgeheizten Ofen auf der mittleren Schiene backen. Vollständig auskühlen lassen und aus der Form stürzen.

TIPP: Sie können auch dunkle Schokoladen-Nibs oder Rosinen und anderes Trockenobst in den Teig geben.

HIMBEER-JELLY MIT QUARK

Für 4 Portionen
Pro Portion: 83 kcal / 4,6 g E / 1,8 g F / 9,4 g KH /5,0 g Bal

ZUTATEN

300 g TK-Himbeeren
125 g Quark (20 % Fett)
1–2 TL Zitronensaft
1 EL Honig
1 Blatt weiße Bio-Gelatine

1. Die TK-Himbeeren in ein feines Sieb geben und über einer Schüssel auftauen lassen. Leicht ausdrücken, sodass etwa 100 ml Saft entstehen.
2. Den Quark mit Zitronensaft und Honig glattrühren.
3. Die Hälfte der aufgetauten Himbeeren auf 4 Dessertschalen verteilen. Den Quark obenauf geben.
4. Die Gelatine 5 Minuten in kaltem Wasser einweichen. Dann in einer kleinen Pfanne tropfnass bei milder Hitze auflösen und nach und nach den Himbeersaft unterrühren.
5. Gleich über den Quark geben, die restlichen Himbeeren obenauf verteilen und das Ganze 1–2 Stunden im Kühlschrank gelieren lassen.

TIPPS:

- Sie können das Jelly auch mit Guarkern- oder Johannisbrotbaummehl eindicken. Dafür den Himbeersaft mit 1 gestrichenen TL Mehl mit dem Schneebesen oder Quirl verrühren und den Quark damit bedecken. Dabei allerdings wird das Jelly undurchsichtig.
- Im Sommer, wenn die Himbeeren Saison haben, können Sie das fertige Jelly mit etwa 100 g frischen Beeren garnieren.

RHABARBER-ERDBEER-STREUSEL

Für 4 Portionen
Pro Portion: 237 kcal / 4,5 g E / 14,0 g F / 21,4 g KH / 3,8 g Bal

ZUTATEN

- 2 dünne Stangen Rhabarber (zusammen ca. 150 g)
- 150 g Erdbeeren
- 4 TL brauner Zucker nach Belieben
- 60 g zarte Bio-Haferflocken
- 60 g Dinkelvollkornmehl Type 1050
- 60 g kalte Butter

1. Den Backofen auf 180 °C Ober-/Unterhitze (Umluft 160 °C) vorheizen.
2. Den Rhabarber waschen, putzen und eventuell die äußerste Haut dünn in Streifen abziehen. Rhabarber in schmale Scheiben schneiden. Die Erdbeeren waschen, entstielen und in Scheiben schneiden.
3. Rhabarber und Erdbeeren auf 4 kleine feuerfeste Schalen verteilen (Sie können auch eine kleine Quicheform mit Ø ca. 15 cm verwenden), etwas festdrücken und nach Belieben mit je 1 TL Zucker bestreuen.
4. Haferflocken und Dinkelmehl in einer geräumigen Schüssel vermischen und die Butter in Flocken dazugeben. Mit den Händen verkneten und zwischen den Handflächen zu Streuseln zerbröseln.
5. Streusel auf dem Obst verteilen und 25–30 Minuten im vorgeheizten Ofen auf der mittleren Schiene goldgelb backen. Heiß, lauwarm oder kalt in den Formen servieren.

TIPP: Nach diesem Rezept können Sie alle möglichen anderen Obstsorten schnell und unkompliziert zu einem Imbiss oder Dessert verarbeiten. Äpfel oder Birnen gibt es immer, besonders gut zur Erhöhung der Nährstoffdichte sind Beerenfrüchte geeignet. Für die süßen Beeren benötigen Sie auch garantiert keinen Zucker!

Essen Sie richtig und ausreichend

NÄHRWERTEMPFEHLUNGEN*	
	Pro Tag
Energiezufuhr gesamt	*1900 kcal*
Eiweiß (Proteine)	70 g
Fett	65 g
Kohlenhydrate	257 g
Ballaststoffe	30 g
Vitamin D	20 mg
Vitamin C	110 mg
Kalzium	1000 mg

ESSEN SIE NATÜRLICH

Die Lebensmittelindustrie reduziert Fett, besonders bei Milchprodukten. Oder es werden Kohlenhydrate stark eingeschränkt, etwa bei Brot und anderen Teigwaren. Manches wird beworben mit »frei von«, beispielsweise »laktosefrei« oder »glutenfrei«. Das führt bei vielen Menschen dazu, sich bei jedem Bissen zu sorgen, ob man das eigentlich noch essen »darf«. Die Verunsicherung ist groß. Deshalb: Wenn Sie nicht aus medizinischen Gründen bestimmte Lebensmittel und -zusätze vermeiden müssen, gibt es keinen Grund, Fett, Laktose oder Gluten vom Speiseplan zu streichen. Frisches Gemüse, Milchprodukte von artgerecht gehaltenen Tieren, Vollkornbrote – damit können Sie gar nichts falsch machen.

ESSEN SIE LANGSAM

Wenn Sie dazu neigen, Gewicht zuzulegen, haben Sie diesen Rat sicherlich schon tausendfach gehört oder gelesen. Trotzdem noch mal: Essen Sie langsam und mit Genuss! Warum? Weil Sie dabei viel deutlicher Sättigungssignale spüren und zufriedener vom Tisch aufstehen. Kleiner Trick: Auch wenn es noch so lecker ist, lassen Sie fünf Minuten verstreichen, bevor Sie einen Nachschlag holen. Horchen Sie in sich rein, und Sie werden in den meisten Fällen feststellen, dass Sie eigentlich satt sind.

ESSEN SIE ÖFTER

Für alle, die keinen oder weniger Appetit, vielleicht sogar Kaubeschwerden haben und dazu neigen, das Essen einfach zu vergessen, gilt: Zwischendurch naschen erlaubt! Oft wird im Alter einfach der Magen träger, wodurch man sich schneller satt fühlt. Es kann auch sein, dass Geruch und Geschmack von Speisen schwächer wahrgenommen werden, weil die Geschmacksknospen weniger geworden sind. Wenn Sie weniger essen, kommt es früher oder später zu einem Nährstoffdefizit, das ernsthaft krank machen kann. Im Kapitel »Zwischendurch und hinterher« ab Seite 167 finden Sie einige Anregungen, wie Sie sich mit kleinen Häppchen zwischendurch Gutes tun können.

---

* BMEL (Bundesministerium für Ernährung und Landwirtschaft), Gutes Essen, Magazin für Seniorinnen und Senioren.

HAFERFLOCKEN-CRUMBLE MIT HEIDELBEEREN

Für 4 Portionen
Pro Portion: 323 kcal / 6,1 g E / 15,5 g F / 37,8 g KH / 5,7 g Bal

ZUTATEN

- etwas Butter für die Formen
- 1 kleiner Apfel
- 1 EL Zitronensaft
- 40 g ungeschälte Mandeln
- 200 g Heidelbeeren
- 40 g Butter
- 60 g kernige Bio-Haferflocken
- 1 Vanilleschote
- 50 g Mehl Type 1050
- 50 g Rohrzucker

1. Den Backofen auf 180 °C Ober-/Unterhitze (Umluft 160 °C) vorheizen. Vier Gratinförmchen dünn mit Butter einfetten.
2. Den Apfel schälen, vierteln und das Kerngehäuse entfernen. Das Fruchtfleisch klein würfeln, mit Zitronensaft beträufeln und in die Gratinförmchen verteilen.
3. Die Mandeln grob hacken. Die Heidelbeeren waschen, verlesen und gut abtropfen lassen. Einige Heidelbeeren zur Dekoration beiseitestellen, die restlichen mit den Apfelwürfeln vermischen.
4. Butter in einer beschichteten Pfanne schmelzen und die Haferflocken darin unter Rühren goldgelb rösten. In eine Schüssel umfüllen.
5. Die Vanilleschote längs aufschlitzen, das Mark herauskratzen und zusammen mit Mehl und Zucker unter die Haferflocken rühren.
6. Die Haferflocken-Streusel auf dem Obst anhäufen und behutsam etwas festdrücken. 25–30 Minuten im vorgeheizten Ofen auf der mittleren Schiene goldgelb backen. Heiß, lauwarm oder kalt in den Formen servieren.

INFO: Alle Beeren gehören trotz ihres Zuckergehalts zu den Top Ten einer gesunden Ernährung. Sie enthalten Ellagsäure (Gerbstoffe), die Schadstoffe aus der Umwelt und aus der Lebensmittelverarbeitung neutralisiert. Zudem punkten sie mit den Anthocyanen, die in blauen und roten Früchten enthalten sind und Gelenke, Augen, Haut und Nieren schützen.

ROTE BETE MIT NÜSSEN

Für 2 Portionen
Pro Portion: 225 kcal / 5,4 g E/ 18,2 g F / 8,1 g KH / 3,4 g Bal

ZUTATEN

150 g Rote Bete (vorgekocht und vakuumiert)
2 EL Apfelessig
1 TL Leinöl
50 g Walnusskerne
Salz nach Belieben

1. Rote Beten in Würfel oder Streifen schneiden und in eine Schüssel geben. Mit Apfelessig und Leinöl vermischen und etwas ziehen lassen.
2. In der Zwischenzeit die Walnüsse grob hacken. Dann auf den Roten Beten verteilen und nach Belieben mit Salz würzen.

EXTRA-PROTEINE

Gesundes Naschwerk

Sie sollten versuchen, täglich auf die empfohlene Proteinration zu kommen, das sind für Menschen ab 60 Jahren 1g Proteine pro Kilogramm Körpergewicht. Entscheiden Sie selbst, ob aus tierischer oder pflanzlicher Herkunft. Hilfreich sind Smoothies oder Shakes mit Milchprodukten, Quark oder Weichkäse.

Für den Fall, dass der Proteingehalt der Mahlzeiten nicht ausreicht, gibt es hier ein paar Anregungen, wie Sie als Zwischenmahlzeit oder zu den Mahlzeiten zu mehr Proteinen kommen. Am einfachsten wäre es, einfach etwas Quark oder Hüttenkäse zusätzlich einzuplanen. Pur, mit ein bisschen Beerenobst, Kräutern oder scharf mit Chili.

GERÖSTETE KICHERERBSEN

Für 2 Portionen
Pro Portion: 187 kcal / 6,0 g E / 9,7 g F / 16,1 g KH / 6,0 g Bal

ZUTATEN

1 Dose Kichererbsen (240 g Abtropfgewicht)

1 EL Olivenöl

½ TL Paprikapulver

½ TL Currypulver

1 TL Salz

1. Den Backofen auf 200 °C Ober-/Unterhitze (Umluft 180 °C) vorheizen.
2. Kichererbsen in ein Sieb schütten, kalt abbrausen und gut abtropfen lassen. Anschließend mit Küchenpapier etwas trocken tupfen und in eine Schüssel geben.
3. In einer kleinen Schüssel Olivenöl mit den Gewürzen verrühren. Über die Kichererbsen geben und mit einem Löffel oder mit den Händen gut vermischen, sodass alle Kichererbsen mit der Marinade benetzt sind.
4. Ein Backblech mit Backpapier auslegen und die Kichererbsen darauf verteilen. Etwa 40 Minuten backen, bis die Kichererbsen braun und knusprig sind. Zwischendurch etwas schütteln.

TIPPS:

- Je besser Sie die Kichererbsen abtupfen, desto schneller geht der Röstvorgang. Sie können je nach Geschmack auch andere Gewürze verwenden: Chilipulver für alle, die es scharf mögen, getrockneter Majoran und Oregano für italienische Varianten oder Herbes de Provence für französische.

- Übrig gebliebene Kichererbsen können Sie in einem verschließbaren Glas aufbewahren und zum Beispiel auf Salate streuen.

INFO: Kichererbsen sind sehr proteinreich, enthalten Ballaststoffe, B-Vitamine, Mangan, Magnesium, Kupfer und Zink. Sie sind vielseitig verwendbar, daher kann es sinnvoll sein, getrocknete Kichererbsen auch mal vorzukochen – das ist preiswerter. Vorgekochte Kichererbsen können Sie portionsweise einfrieren oder zum Beispiel die beliebte orientalische Paste »Hummus« zubereiten, die sich mindestens 1 Woche im Kühlschrank hält.

POLENTA-FRITTEN

Für 6 Portionen
Pro Portion: 213 kcal / 6,4 g E / 7,6 g F / 28,8 g KH / 1,8 g Bal

ZUTATEN

- 600 ml Wasser oder Gemüsebrühe
- 2 EL Olivenöl
- 1 TL Salz
- 225 g Maisgrieß (Polenta)
- 50 g geriebener Parmesan
- Pfeffer
- getrocknete oder frische Kräuter nach Belieben
- 1 EL Mehl Type 1050

1. Wasser mit 1 EL Olivenöl und Salz in einem mittelgroßen Topf aufkochen lassen. 175 g Maisgrieß nach und nach unter Rühren einrieseln lassen. Parmesan und Gewürze einrühren und bei ausgeschalteter Herdplatte 10–15 Minuten quellen lassen.
2. Ein Schneidebrett auf einer Fläche von ca. 20×20 cm mit 1 EL Olivenöl einpinseln. Die Polentamasse darauf verteilen und etwa 1 cm dick glattstreichen. Auskühlen lassen.
3. Den Backofen auf 200 °C Ober-/Unterhitze (Umluft 180 °C) vorheizen. Ein Backblech mit Backpapier auslegen.
4. Restlichen Maisgrieß auf einem flachen Teller mit Mehl vermischen. Die Polentaplatte in etwa 1,5×6 cm große Stücke schneiden, diese in der Maisgrießmischung wenden und auf das Backblech legen.
5. Etwa 15–20 Minuten im Ofen goldgelb backen. Mit Salz und Pfeffer nach Geschmack würzen und abkühlen lassen.

TIPP: Da die Zubereitung von Polenta zwar einfach, aber etwas zeitaufwendiger ist, ist das Rezept gleich für 6 Portionen konzipiert. Da gibt es pro Person ca. 150 g Fritten zu naschen. Sie können die Polenta-Fritten aber auch für 4 Portionen als Beilage zubereiten. Was nicht gleich gegessen wird, kann für 3–4 Tage zugedeckt in den Kühlschrank und bei Bedarf im Backofen aufgebacken werden.

WASSERMELONE MIT MOZZARELLA

Für 1 Portion
161 kcal / 8,9 g E / 11,6 g F / 4,9 g KH / 0,8 g Bal

ZUTATEN

- 50 g Wassermelone
- 50 g Mozzarella oder Schafskäse
- ½ TL getrockneter oder 1 TL frischer Thymian
- 3 grüne oder schwarze Oliven
- Salz, Pfeffer

1. Wassermelone und Mozzarella in mundgerechte Würfel schneiden. Mozzarella in Thymian wälzen.
2. Abwechselnd Melone, Käse und Oliven auf drei Spieße stecken und mit Salz und Pfeffer würzen.

TIPP: Nach Belieben können Sie auch noch Paprikaschoten-, Gurken- oder Zucchinistücke für die Spießchen verwenden.

Kräftigen Sie Ihre Muskeln

Im Inneren Ihrer Muskelzellen ist Ihr Stoffwechsel ständig aktiv – auch wenn Sie gemütlich sitzen oder liegen. Dann ist es doch nur logisch, dass mehr Muskelmasse auch den Stoffwechsel auf Trab hält. Und das sogar, wenn Sie schlafen!

Benutzen Sie Ihre Muskeln hingegen kaum oder gar nicht, werden sie mit der Zeit schlaff und immer weniger. Muskelschwund bringt auch die Unterstützung des Stoffwechsels zum Erliegen. Bei einer bettlägerigen Erkrankung beispielsweise können die Muskeln innerhalb von nur zwei Wochen ein Drittel ihrer Leistungsfähigkeit und Kraft verlieren.

Ab etwa dem 50. Lebensjahr baut jeder Mensch Muskeln ab. Ein bis zwei Prozent jedes Jahr verlieren wir je nach Lebensstil. Zu wenig Proteine in der Ernährung, Vitamin-D-Mangel, Rückgang der Hormone Testosteron und Östrogen sowie versteckte Entzündungsprozesse und vor allem Bewegungsmangel tragen weiter zum Muskelschwund bei.

Damit ist eigentlich schon klar, dass zumindest an ein bisschen Bewegung – und das täglich! – eigentlich kein Weg vorbeiführt. Ihr Stoffwechsel dankt Ihnen schon 30–60 Minuten moderates Spaziergehen, besser noch 8000 bis 10.000 Schritte täglich. Das schaffen Sie easy! Legen Sie möglichst viele Wege zu Fuß zurück, gehen Sie Umwege auf Ihren täglichen Wegen und kontrollieren Sie Ihre Aktivitäten in einem Tagebuch, mit einer Schritt-

zähler-App auf dem Smartphone oder mit einem Fitness-Armband, das es auch oft in preiswerten Ausführungen bei Discountern gibt.

Noch besser wäre natürlich, wenn Sie sich mit etwas schweißtreibenderen Aktivitäten anfreunden könnten, bei denen Atem- und Herzfrequenz gesteigert werden, wie zum Beispiel Walking, Radfahren, Schwimmen oder Aerobic. Sinnvoll wäre auch moderates Krafttraining mit Gleichgewichts- und Dehnübungen. Damit könnten Sie den Muskelabbau nicht nur verhindern, sondern noch welche aufbauen – das funktioniert bis ins hohe Alter! Wenn Sie ein Theraband kaufen, bekommen Sie die Anleitungen für solche Übungen gleich mit dazu. Vielleicht gefallen Ihnen auch kleine, 15-minütige Trainingseinheiten, wie sie ein TV-Sender morgens oder mittags anbietet.

Scheint Ihnen das alles zu viel, beginnen Sie wenigstens mit 1000 Schritten täglich mehr, als Sie bislang üblicherweise machen. Jede Bewegung zusätzlich hilft, Ihre Muskeln zu erhalten und damit Ihren Knochen mehr Festigkeit zu geben und Sie vor Stürzen zu bewahren.

MINIPAPRIKA MIT TOMATEN UND SCHAFSKÄSE

Für 2 Portionen
Pro Portion: 103 kcal / 6,4 g E / 6,0 g F / 4,9 g KH / 2,2 g Bal

ZUTATEN

- 2 Mini-Paprikaschoten
- 3 Cocktailtomaten
- 30 g Schafskäse
- Salz, Pfeffer
- 1 Stängel glatte Petersilie

1. Die Paprikaschoten längs halbieren, putzen und waschen. Die Tomaten waschen und halbieren. Den Schafskäse in kleine Würfel schneiden oder zerbröseln.
2. Paprikahälften auf einem Teller anrichten, Tomatenhälften und Schafskäse darin verteilen und mit Salz und Pfeffer würzen.
3. Petersilie waschen, mit Küchenpapier trocken tupfen, die Blätter vom Stängel zupfen und die Paprikahälften damit garnieren.

PUMPERNICKEL MIT KÄSE UND RADIESCHEN

Für 1 Portion
107 kcal / 6,1 g E / 1,8 g F / 14,7 g KH / 3,6 g Bal

ZUTATEN

2 Scheiben Pumpernickel oder Vollkornbrot

2 EL Hüttenkäse

1 Stängel Lauchzwiebel

2 Radieschen

Salz, Pfeffer

einige Blätter Feldsalat oder Rucola, wenn vorhanden

1. Pumpernickel auf einen flachen Teller geben und mit Hüttenkäse bestreichen.
2. Lauchzwiebel abziehen, putzen und in dünne Ringe schneiden. Radieschen waschen, putzen und in feine Scheiben schneiden. Beides auf dem Käse verteilen und mit Salz und Pfeffer würzen.
3. Nach Belieben Feldsalat oder Rucola waschen, trocken tupfen und darüberstreuen.

Einkaufen, vorbereiten und kochen mit allen Sinnen

Essen macht glücklich! Ein schön gedeckter Tisch, ein Lieblingsgericht auf dem Teller, Ruhe (kein Handy!), Entspannung bei beruhigender Hintergrundmusik. Nehmen Sie sich Zeit für ein genussreiches Essen, um den Serotoninmangel, der vielleicht durch zu viel Stress entstanden ist, wieder auszugleichen. Für den Spaßfaktor finden Sie in diesem Buch Rezepte, die schnell, ohne großen Aufwand, funktionieren, lecker sind und Ihnen abwechslungsreich die Nährstoffe liefern, die Sie in Ihrer jetzigen Lebensphase brauchen.

Glück kann schon bei der Zubereitung beginnen, oder noch früher schon beim Sich-aufs-Essen-freuen. Selbst Lebensmittel einkaufen kann schon glücklich machen – wenn Sie über den Markt schlendern, gesundes buntes Obst und Gemüse sehen, dieses zu Hause schön in Schüsseln und Körben platzieren. Sie können beruhigt und zufrieden sein beim Kauf von Fleisch mit Tierwohl-Label, beim Kauf von Produkten, die ohne Chemie erzeugt wurden oder weniger CO_2 verursachen. Alles ohne Stress und ohne Zwang – es muss nicht alles zu 100 Prozent korrekt sein.

Das gilt auch, wenn Sie bisher nicht viel mit Kochen im Sinn hatten. Bei vielen Rezepten kommen Konserven, Tiefgekühltes oder Instant-Produkte zum Einsatz. Das erleichtert – besonders für Ungeübte – die Zubereitung der Speisen sehr. Außerdem erfordern die Rezepte weder spezielle Küchenausstattung noch besondere Geschicklichkeit – alle sind sehr einfach nachzukochen und kommen mit wenigen Zutaten aus.

Freude an Selbstgekochtem kommt auch auf, wenn das Serotonin in Ihrem Körper aktiv wird. Das Glückshormon wird im Darm aus L-Tryptophan gebildet, das in einigen Lebensmitteln enthalten ist: Ananas, Bananen, Walnüsse, Cashewkerne, Kakao, Tomaten, Haferflocken, Quark, Soja, Linsen, Thunfisch und Schokolade. Es wird jedoch erst durch Zucker und Fett aktiviert – Zutaten, aus denen Kalorienbomben entstehen, die aber vorübergehend glücklich machen. Im Rezeptteil »Zwischendurch und hinterher« (ab Seite 167), aber auch schon bei den Frühstücksrezepten (ab Seite 51) finden Sie einige Glückshappen ohne oder mit ganz wenig Zucker.

BIRNENQUARK MIT ZITRONE UND INGWER

Für 2 Portionen
Pro Portion: 181 kcal / 12,8 g E / 5,5 g F / 18,8 g KH / 2,9 g Bal

ZUTATEN

1 reife Birne (ca. 200 g)

1 Stück Ingwer (etwa haselnussgroß)

1–2 TL Zitronensaft

1 Prise gemahlene Kurkuma

schwarzer Pfeffer

100 ml fettarme Milch (1,5 % Fett)

200 g Quark (20 % Fett)

etwas Honig nach Belieben

1. Die Birne schälen, vierteln, Kerngehäuse entfernen und das Fruchtfleisch klein schneiden. Ingwer schälen und in sehr kleine Würfel hacken.
2. Birne, Ingwer, 1 TL Zitronensaft, Kurkuma, 1 Prise Pfeffer, Milch und Quark in den Smoothiemaker oder Mixer geben und etwa 1 Minute cremig pürieren.
3. Abschmecken und nach Belieben noch mehr Zitronensaft dazugeben oder mit etwas Honig süßen.

TIPPS:

- Gut verschlossen können Sie eine übrige Portion Birnenquark 1 Tag im Kühlschrank aufbewahren. Die Zitrone sorgt für Haltbarkeit.
- Der Drink schmeckt auch mit anderen Obstsorten oder weichem Gemüse wie zum Beispiel Gurken.

RADIESCHEN-BUTTERMILCH MIT KRESSE

Für 2 Portionen
Pro Portion: 74 kcal / 6,6 g E / 1,1 g F, /8,5 g KH / 1,7 g Bal

ZUTATEN

150 g Radieschen (geputzt gewogen)

½ Kästchen Gartenkresse

300 ml Buttermilch

Salz

1–2 EL Apfelessig nach Belieben

1. Radieschen waschen und putzen. Kresse abbrausen, gut trocken schütteln und mit einer Schere vom Vlies schneiden. Einige Blättchen beiseitelegen.
2. Radieschen klein schneiden und mit Buttermilch und Kresse im Smoothiemaker oder Mixer fein pürieren. Mit Salz – und nach Belieben Apfelessig – abschmecken.
3. Radieschen-Buttermilch in zwei Gläser füllen und mit den restlichen Kresseblättchen bestreuen.

INFO: Nicht nur die Proteine der Buttermilch, auch das Senföl, das in Radieschen und Kresse enthalten ist, aktiviert Enzyme des Stoffwechsels, die für Entgiftung sorgen und die auch wegen ihrer antibakteriellen Wirkung hilfreich sind.

GOLDEN MILK

Für 2 Portionen
Pro Portion: Mit fettarmer Milch 136 kcal / 9,1 g E/ 3,9 g F / 16,0 g KH / 0,1 g Bal
Mit Sojamilch 103 kcal / 5,1 g E / 4,6 g F / 9,8 g KH / 0,6 g Bal

ZUTATEN

- 10 g frischer Ingwer (etwa walnussgroß)
- 5 g frische Bio-Kurkuma (etwa 1 Finger) oder ¼ TL gemahlene Kurkuma
- 1 Kardamomkapsel nach Belieben
- 500 ml fettarme Milch (1,5 % Fett) oder Sojamilch (ungesüßt!)
- 1 Prise schwarzer Pfeffer
- ½ Stange Zimt
- 1 Sternanis
- 2 TL Honig

1. Ingwer schälen und fein reiben. Kurkuma mit einem feuchten Tuch reinigen (die Schale soll mitverwendet werden) und ebenfalls fein reiben. Kardamomkapsel öffnen, die Samen herausnehmen und mit der flachen Seite eines Messers zerdrücken.
2. Milch mit Pfeffer, Ingwer, Kardamom, Kurkuma, Zimt und Sternanis in einem kleinen Topf aufkochen lassen und anschließend bei kleiner Hitze 3 Minuten sanft weiterköcheln lassen.
3. Etwas abkühlen lassen und den Honig einrühren. Durch ein Sieb in Gläser gießen und in kleinen Schlucken genießen.

TIPP: Wenn es mal schnell gehen soll – es gibt die Gewürzmischung »Golden Milk« oder »Goldene Milch« fix und fertig zu kaufen. Milch erhitzen, Mischung einrühren – fertig!

INFO: Die Schale von Kurkuma enthält (wie auch die von Ingwer) Bitterstoffe, die für Galle und Leber bedeutsam sind. Bitterstoffe gab es früher reichlich in vielen Gemüsen, bekannteste Beispiele sind Auberginen und Rucola. Sie wurden nur durch Züchtungen weitgehend entfernt.

Die Goldene Milch ist in der indischen Heilslehre Ayurveda als körperlich und geistig anregendes Getränk bekannt.

HAFER-KNUSPERKNÄCKE

Für 12 Stück
Pro Stück: 146 kcal / 5,1 g E / 9,0 g F / 9,3 g KH / 3,9 g Bal

ZUTATEN

- 60 g kernige Bio-Haferflocken
- 60 g Bio-Haferkleie
- 45 g Dinkelvollkornmehl
- 50 g Sonnenblumenkerne
- 50 g Kürbiskerne
- 50 g Leinsamen
- 10 g Flohsamenschalen
- 1 TL Salz
- 2 EL Olivenöl
- 200 ml lauwarmes Wasser

1. Den Backofen auf 180 °C Ober-/Unterhitze (Umluft 160 °C) vorheizen.
2. Alle trockenen Zutaten in einer Schüssel vermengen. Mit dem Handrührgerät nach und nach das Wasser und dann das Olivenöl einrühren, sodass ein weicher Teig entsteht.
3. Ein Backblech mit Backpapier auslegen und den Teig darauf gleichmäßig über das gesamte Blech verstreichen. Am besten geht das mit einer Teigkarte. Nach Belieben noch zusätzlich mit Kernen bestreuen und diese etwas festdrücken.
4. 15 Minuten backen, dann aus dem Ofen nehmen und auf dem Blech in 12 Rechtecke schneiden.
5. In 25–30 Minuten fertig backen, bis die Ränder leicht gebräunt sind. Herausnehmen und vollständig abkühlen lassen. In einer gut verschließbaren Box aufbewahren.

TIPP: Die Teigplatte lässt sich auch nach dem Abkühlen noch schneiden (wird dann aber an den Rändern bröseliger) oder kann mit den Händen in Stücke gebrochen werden. Sie können zur Abwechslung auch andere Körner oder Saaten verwenden, wie zum Beispiel Sesamsaat oder auch gehackte Nüsse.

Trinken Sie viel Wasser

Ein Baby besteht zu 70 Prozent aus Wasser, ab dem 65. Lebensjahr sind es nur noch etwa 50 Prozent bei Frauen beziehungsweise 60 Prozent bei Männern. Das liegt daran, dass bei Frauen der Körperfettanteil höher ist, der Muskelanteil aber niedriger, was auch weniger Wasser bedeutet.

Wasser wird gebraucht, um Nährstoffe zu lösen und zu transportieren. Damit regelt es den gesamten Stoffwechsel, den Aufbau von Körperzellen, nimmt Einfluss auf die Verdauung und regelt die Herz-Kreislauf-Tätigkeit. Ohne Wasser könnten die Stoffwechselprodukte nicht mit dem Urin ausgeschieden werden. Die für unseren Organismus wichtige konstante Körpertemperatur von 37 °C wird ebenfalls vom Wasser kontrolliert.

Täglich verlieren wir bis zu 2,5 Liter Wasser. Durch die feuchte Atemluft, durch Schwitzen, mit dem Urin. Diese Menge muss auch täglich ersetzt werden. Etwa 1 Liter wird mit der Nahrung aufgenommen, der Rest sollte getrunken werden.*

Mit zunehmendem Alter verringert sich das Durstgefühl, und die Nierentätigkeit lässt nach. Der Körper beginnt zu dehydrieren, auszutrocknen, denn das benötigte Wasser wird aus Blut und Gewebe entnommen. Die möglichen Folgen sind Kreislaufprobleme, Müdigkeit, Denkschwierigkeiten bis hin zu Verwirrtheit und höhere Infektanfälligkeit. Eine Faustregel zur einfachen Kontrolle: Ist der Harn dunkel, haben Sie zu wenig Wasser getrunken.

* Empfehlung der DGE (Deutsche Gesellschaft für Ernährung, Broschüre »Wasser trinken, fit bleiben«, Bonn, 2023). Danach können Sie Ihren täglichen Wasserbedarf wie folgt berechnen: Pro Kilogramm Körpergewicht sollten 30 Milliliter täglich getrunken werden. Bei 70 kg sind das 2,1 Liter.

Wird über längere Zeit zu wenig getrunken, trocknet der Körper regelrecht aus. Ein Warnsignal sind sogenannte stehende Falten: Kneift man die Haut auf dem Handrücken zu einer Falte zusammen und bleibt diese stehen oder bildet sich nur sehr langsam zurück, ist das ein deutliches Zeichen für zu wenig Flüssigkeit im Organismus.

Dass sich Falten im Gesicht verhindern lassen, wenn wir noch mehr Wasser trinken als empfohlen, stimmt allerdings nicht: Die getrunkene Flüssigkeit kommt dort nicht auf der Hautoberfläche an.

Tipps: So gelingt es, genügend zu trinken:

- Trinken Sie schon vor dem Frühstück und zu jeder Mahlzeit ein Glas Wasser.
- Stellen Sie einen Krug mit frischem Wasser bereit, das Sie mit ein paar Scheiben Zitrone, einigen Zweigen Minze oder ein paar Beeren aromatisiert haben.
- Nehmen Sie »festes« Wasser in Form von wasserreichem Obst oder Gemüse zu sich: Wassermelone, Paprika, Tomate, Gurke sind gut geeignet.
- Lieber öfter kleinere Mengen trinken. Mehr als 0,5 Liter Wasser pro Stunde kann der Körper nicht verarbeiten.
- Führen Sie auf Reisen und unterwegs immer eine kleine Flasche Wasser mit.
- Trinken Sie bei Hitze, Sport oder anstrengender körperlicher Arbeit zusätzlich.
- Ein Trinkwecker am Handgelenk oder eine Trink-App auf Ihrem Smartphone erinnert Sie ans »Nachtanken«. Denn im besten Fall sollten Sie schon trinken, bevor Durst aufkommt.

MOLKE-DRINKS

Molkeneiweiß oder Molkenprotein sind bestens geeignet, Ihren erhöhten Bedarf zu decken. Denn über 60-Jährige brauchen etwa 20 Prozent mehr Protein als Jüngere, vor allem zum Aufbau und Erhalt von Muskeln und Knochen. Die biologische Wertigkeit des Proteins in Molke ist mit 110 angegeben (zugrunde gelegt ist das Hühnerei mit der Wertigkeit 100) – das heißt, der Körper kann das enthaltene Eiweiß besonders gut aufnehmen und verwerten. Molke entsteht bei der Käseherstellung aus geronnener Milch. Der Proteinanteil ist mit 0,6 Prozent nicht besonders hoch, glänzt aber mit sieben wichtigen Aminosäuren, darunter so bekannte und wichtige wie Lysin, Methionin und Tryptophan. Zwar sind die Drogerieregale mit Nahrungsergänzungsmitteln voll von Eiweißshakes aller Art, dabei geht es doch viel einfacher und preiswerter: Statt Pulver anzurühren, einfach Molke aus dem Bio-Supermarkt oder Reformhaus (früher gab es Molke auch im normalen Supermarkt) mit ein paar Früchten in den Mixer und fertig ist der kalorienarme, erfrischende Shake!

Info

- Die Handelsbezeichnung »Süßmolke« hat nichts mit zugesetztem Zucker zu tun, sondern bringt zum Ausdruck, dass Molke stark basisch auf den Organismus wirkt.
- Molkeneiweiß oder Molkenprotein ist ein super Stoffwechseltreiber und entfernt auch Stoffwechselrückstände aus dem Gewebe. Es regt die Leberfunktion an und kann den Cholesterinspiegel senken.

ERDBEERMOLKE

Für 1 Portion
67 kcal / 2,0 g E / 0,6 g F/ 12,9 g KH / 1,0 g Bal

ZUTATEN

- 50 Erdbeeren
- 200 ml Molke
- ½ TL Kakaopulver (in Rohkostqualität) nach Belieben
- 1 Prise Zimt

1. Die Erdbeeren abbrausen, Stiele entfernen und Früchte etwas zerkleinern.
2. In einen Smoothiemaker geben, Molke, Kakao und Zimt zufügen und etwa 30 Sekunden pürieren. Alternativ in einem hohen Gefäß mit dem Pürierstab pürieren.

TIPP: Sie können natürlich auch andere Beeren oder Obst je nach Saison verwenden, zum Beispiel Heidelbeeren oder Aprikosen. Bei den Nährwerten ändert sich wenig – das Eiweiß bleibt immer gleich.

ORANGENMOLKE

Für 1 Portion
80 kcal / 2,2 g E / 0,5 g F /15,6 g KH / 2,2 g Bal

ZUTATEN

- Saft und Fruchtfleisch von 1 Orange (ca. 100 ml)
- 150 ml Molke
- ¼ TL Kurkuma

1. Die Orange auspressen. Saft und möglichst viel Fruchtfleisch, das in der Zitruspresse geblieben ist, in einen Smoothiemaker geben.
2. Molke und Kurkuma dazugeben und etwa 30 Sekunden pürieren. Alternativ in einem hohen Gefäß mit dem Pürierstab pürieren.

SCHOKOMOLKE

Für 1 Portion
141 kcal / 3,4 g E / 5,6 g F / 18,9 g KH / 1,7 g Bal

ZUTATEN

15 g dunkle Schokolade (mindestens 70 % Kakaoanteil)

1 TL Kakao in Rohkost-Qualität

250 ml Molke

1 Prise Zimt

1. Schokolade zerteilen und in einen kleinen Topf geben. Bei milder Hitze schmelzen lassen.
2. Kakao, Molke und Zimt dazugeben und alles verrühren, bis der Kakao vollständig aufgelöst ist. Langsam erhitzen, wenn Sie den Shake heiß trinken wollen, oder bei Zimmertemperatur trinken. Der Shake kann auch im Kühlschrank aufbewahrt werden.

KRÄUTERQUARK

Für 2 Portionen
Pro Portion: 169 kcal /16,7 g E / 6,9 g F / 9,6 g KH / 0,9 g Bal

ZUTATEN

250 g Quark (20 % Fett)
150 ml Naturjoghurt (1,5 % Fett)
Salz, Pfeffer
30 g Kräuter nach Belieben (zum Beispiel Minze, Schnittlauch und Koriander)

1. Quark und Joghurt in eine Schüssel geben, vermischen und glattrühren. Mit Salz und etwas Pfeffer würzen.
2. Die Kräuter waschen und mit Küchenpapier trocken tupfen. Ggf. die Blätter von den Stängeln zupfen. Kräuter mit dem Joghurtquark vermischen und das Ganze 30 Minuten durchziehen lassen.

HARZER KÄSE MIT WALNÜSSEN

Für 2 Portionen

Pro Portion: 259 kcal / 33,4 g E / 13,0 g F / 1,5 g KH / 1,2 g Bal

ZUTATEN

200 g Harzer Roller oder Harzer Minis

2 EL Apfelessig

Pfeffer

40 g Walnusshälften

INFO: Der kalziumreiche Harzer Käse sorgt auch für reichlich Eiweiß. Die Omega-3-Fettsäuren und das Kupfer in den Walnüssen wirken sich schon bei nur 30 g täglich positiv auf Herz und Arterien aus. Auch das Gehirn braucht einige der Inhaltsstoffe der Walnüsse, um seine Leistung zu erbringen.

1. Harzer nach Belieben in Scheiben schneiden, mit Apfelessig beträufeln und mit Pfeffer würzen. Etwas ziehen lassen.
2. Walnusshälften in einer beschichteten Pfanne ohne Fett leicht anrösten und auf den Käse geben.

HÜTTENKÄSEKUCHEN MIT HIMBEEREN

Für 8 Portionen
Pro Portion: 170 kcal /15,2 g E / 7,7 g F / 8,9 g KH / 2,2 g Bal

ZUTATEN

- 200 g frische oder TK-Himbeeren
- 50 g Hafermehl oder Mehl Type 1050
- 250 g Hüttenkäse
- 500 g Quark (20 % Fett)
- 4 Eier, Größe M
- Salz
- etwas Fett für die Form

1. Himbeeren – wenn nötig – behutsam abbrausen und gut abtropfen lassen. TK-Himbeeren in ein Sieb geben und auftauen lassen. Dabei den Saft auffangen und anderweitig verwenden.
2. Den Backofen auf 160 °C Ober-/Unterhitze (Umluft 140 °C) vorheizen.
3. Mehl, Hüttenkäse, Quark, Eier und 1 Prise Salz in eine Schüssel geben und mit dem Handrührgerät zu einer glatten Masse vermischen.
4. Eine Quiche- oder Springform (Ø ca. 25 cm) dünn einfetten und die Masse einfüllen.
5. Himbeeren auf der Quarkmasse verteilen und leicht andrücken. 30 Minuten backen, bis die Masse gestockt ist. Etwas abkühlen lassen und lauwarm oder kalt genießen.

TIPP: Dieses einfache Rezept können Sie auch mit Heidelbeeren oder Beerenmischungen zubereiten.

ABENDS WENIGER KOHLENHYDRATE

Für unbeschwerten Schlaf

Abends die Kohlenhydrate zu reduzieren ist nicht nur eine gute Idee, wenn Sie abnehmen wollen. Bekanntlich steigt nach einer Mahlzeit mit Kohlenhydraten der Blutzuckerspiegel an. Die Bauchspeicheldrüse schüttet Insulin aus, damit der Zucker aus dem Blut in die Zellen gelangen kann. Zugleich hemmt Insulin den Fettabbau. Das funktioniert tagsüber, wenn wir aktiv sind, zumeist sehr gut. Nachts, wenn wir schlafen, muss der Organismus auf gespeicherte Reserven zurückgreifen – die vor allem aus Fett bestehen. Haben wir allerdings eine kohlenhydratreiche Mahlzeit zu uns genommen, wird die auch während des Schlafs benötigte Energie aus dem enthaltenen Zucker bezogen. Und das Fett bleibt, wo es ist.

Das Low-Carb-Konzept ist aber nicht nur erfolgreich für Abnehmwillige. Die Kohlenhydrate, besonders abends, zu reduzieren verbessert die Blut- und Entzündungswerte, wirkt bei Darmproblemen und entlastet insgesamt den Stoffwechsel. Dabei müssen Sie aber nicht einen superstrengen Kohlenhydrate-Verzicht üben, wie es zum Beispiel bei der ketogenen Ernährung der Fall wäre. Nur: Das von vielen so geliebte AbendBROT sollte jetzt durch viel Gemüse ersetzt werden, und Obst und Süßes sollten lieber auf die Mittagsmahlzeit verschoben werden.

OMELETTE MIT GRÜNEM GEMÜSE

Für 2 Portionen
Pro Portion: 482 kcal / 30,7 g E / 30,3 g F / 16,8 g KH / 9,5 g Bal

ZUTATEN

- 300 g frische oder TK-Brokkoli
- 200 g TK-Erbsen
- 4 Eier, Größe M
- ½ TL gemahlene Kurkuma
- Salz, Pfeffer
- 100 g Quark (20 % Fett)
- 50 ml Mineralwasser mit Kohlensäure
- 2 EL Olivenöl

1. Vom Brokkoli mundgerechte Köpfchen abschneiden und waschen. Den Stiel – wenn nötig – schälen und in kleine Würfel schneiden. TK-Brokkoli etwas antauen lassen. Wasser in einen mittelgroßen Topf füllen, einen Dampfgareinsatz hineingeben und Brokkoli und noch tiefgekühlte Erbsen darin verteilen. In 6–7 Minuten bissfest dämpfen.
2. In der Zwischenzeit die Eier mit Kurkuma, Salz, Pfeffer, Quark und Mineralwasser in einer Schüssel mit dem Schneebesen verquirlen.
3. Olivenöl in einer beschichteten Pfanne (Ø ca. 24 cm) mild erhitzen. Die Eimasse hineingießen und das vorbereitete Gemüse obenauf geben.
4. Omelette bei milder Hitze zugedeckt garen, bis die Eimasse an der Oberfläche gestockt ist. Sofort heiß servieren.

TIPPS:

- Wenn Sie in der Sommersaison marktfrische Erbsen verwenden wollen, brauchen Sie etwa 700 g davon in Schoten. Vor der Verwendung auspalen und schon 5 Minuten vor dem Brokkoli in den Dampfgareinsatz geben und vordämpfen.
- Sie können auch nach Belieben anderes grünes Gemüse verwenden, es sollten aber immer ca. 500 g sein. Gut geeignet: Zucchini, grüner Spargel oder Bohnen.

Äußerst nützlich: Bitterstoffe

Bitterstoffe regen die Verdauung an und sind wirksam gegen Heißhungerattacken und Lust auf Süßes. Sie sind in vielen Pflanzen zum Schutz gegen ihre Fraßfeinde enthalten. Im Grund schützen sich die Pflanzen dadurch auch vor uns, denn Bitteres zu essen ist nicht jedermanns Sache. Aber auch schon in kleinen Dosen – in manchen Pflanzen wie Radicchio oder Grünkohl wurde das bittere Übermaß weggezüchtet – sind die Bitterstoffe nützlich. Sobald die Geschmacksknospen auf unserer Zunge einen bitteren Geschmack wahrnehmen, starten Magen, Galle und Bauchspeicheldrüse ihr Programm zur Aufnahme der Nahrungsbestandteile.

Für die Gallenblase sind Bitterstoffe lebenswichtig, da sie sonst keine Gallenflüssigkeit bilden kann. Eine allzu bitterstoffarme Ernährung kann zu Verdauungsproblemen führen, das Immunsystem schwächen und den Stoffwechsel verlangsamen.

Die Leber ist besonders dankbar für regelmäßigen Zufluss von Bitterstoffen. Unsere Stoffwechselzentrale ist ständig im Einsatz, alle Stoffe, die aus dem Darm ins Blut gelangen, zu filtern, zu sortieren und an die jeweiligen Körperzellen zu schicken, wo sie gebraucht werden. Um ein gutes Funktionieren bis ins hohe Lebensalter zu gewährleisten, wäre ein leberfreundliches Verhalten nützlich: weniger Zucker, mehr Bitterstoffe.

Chicorée, Rucola, Aubergine, Grapefruit, Brokkoli, Grünkohl und andere Kohlsorten sind nicht nur antioxidativ, sie sind gerade wegen ihrer Bitterstoffe auch starke Fettverbrenner und regulieren außerdem die Darmflora.

Nützlich können auch »bittere« Gewürze sein wie Kurkuma, Thymian, Estragon, Kümmel, Anis oder Zimt. Wenn Sie Kaffee trinken, grünen Tee, Ingwer-, Minze- oder Salbeitee, nehmen Sie ebenfalls Bitterstoffe zu sich. Es gibt auch verschiedene Bittertee-Mischungen in Drogerie- und Biomärkten.

Zucchini, Kürbis oder Gurken werden durch zu lange Lagerung extrem bitter, diese sollten Sie nicht mehr essen. Dann haben sich Cucurbitacine gebildet, die Übelkeit und Durchfall hervorrufen. Das gilt auch für das Solanin in Kartoffeln (grüne Stellen) und rohen Auberginen. Naringin und Furanocumarin sind Bitterstoffe in Grapefruits, die sich mit einigen Medikamenten nicht vertragen – wovor auf den Beipackzetteln gewarnt wird.

Wer bisher bitter schmeckende Lebensmittel gemieden hat, könnte versuchen, sich in kleinen Portionen daran zu gewöhnen. Im Buch gibt es Rezepte mit leckeren »bitteren« Zutaten.

Wenn es Ihnen dennoch schwerfällt, genügend Bitterstoffe zu sich zu nehmen, können Sie ergänzend zu Tropfen, Pulver oder Kapseln aus dem Reformhaus oder Bioladen greifen. Dort gibt es übrigens auch Cremes mit Bitterstoffen, die besonders wirksam gegen trockene Haut sind.

GEBACKENER WIRSING MIT THYMIAN

Für 2 Portionen
Pro Portion: 455 kcal / 12,2 g E / 26,4 g F / 37 g KH / 10,5 g Bal

ZUTATEN

- 600 g Wirsing (etwa ½ kleiner Kopf)
- 2 EL Olivenöl
- ½ TL Salz
- 20 g weiche Butter
- 20 g Vollkorn-Semmelbrösel
- 30 g frische Kräuter, zum Thymian, Dill oder Kresse
- 200 ml Naturjoghurt (1,5 % Fett)

1. Den Backofen auf 200 °C Ober-/Unterhitze (Umluft weniger geeignet) vorheizen.
2. Den Wirsing putzen und den harten Strunk keilförmig herausschneiden. In etwa 2 cm dicke Spalten schneiden.
3. Die Wirsingspalten unter fließendem Wasser waschen – es ist wichtig, dass Wasser auch zwischen die Blätter eindringen kann, damit es im Ofen verdampfen kann und dadurch der Wirsing gegart wird.
4. Wirsingspalten auf ein mit Backpapier ausgelegtes Backblech setzen. Olivenöl mit Salz verrühren und die Schnittstellen des Wirsings damit bestreichen. 25 Minuten im Backofen garen.
5. In der Zwischenzeit Butter und Semmelbrösel mit den Fingern verkneten. Die Kräuter waschen, mit Küchenpapier trocken tupfen und hacken. Joghurt salzen und mit der Hälfte der Kräuter verrühren.
6. Die Bröselbutter auf den Wirsingspalten verteilen und das Ganze weitere 10 Minuten backen.
7. Wirsing mit den restlichen Kräutern bestreuen und mit dem Kräuterjoghurt servieren.

INFO: Von Wirsing und den anderen 44 Kohlsorten, die es gibt, können Sie gar nicht genug essen. Im Durchschnitt enthalten sie 3 g Ballaststoffe pro 100 g. Dazu Vitamine und Mineralstoffe, die je nach Sorte verschieden ausfallen, die Sie aber alle brauchen können, um fit und aktiv zu bleiben.

AUBERGINEN MIT TOMATENPÜREE

Für 2 Portionen
Pro Portion: 240 kcal / 6,3 g E / 14,8 g F / 16,8 g KH / 6,8 Bal

ZUTATEN

- 400 g Auberginen
- 200 g Fleischtomaten
- 100 ml Wasser oder Gemüsebrühe (Fertigprodukt)
- 1 Dose gehackte Tomaten (400 g Einwaage)
- 1 Zweig Rosmarin
- 1–2 Knoblauchzehen
- Salz, Pfeffer
- Balsamessig nach Belieben
- 1 Stängel glatte Petersilie
- 2 EL Lein- oder kaltgepresstes Olivenöl

1. Den Backofen auf 180 °C Ober-/Unterhitze (Umluft 160 °C) vorheizen.
2. Auberginen waschen, putzen und in etwa 5 mm dicke Scheiben schneiden. Tomaten waschen, halbieren, die Stielansätze entfernen und ebenfalls in Scheiben schneiden. Auberginen und Tomaten abwechselnd in eine feuerfeste Form (etwa 20×15 cm) schichten, mit Wasser oder Brühe begießen und mit Backpapier oder Alufolie abgedeckt 20 Minuten im Ofen dämpfen.
3. In der Zwischenzeit die gehackten Tomaten aus der Dose in einen kleinen Topf geben. Rosmarin waschen, mit Küchenpapier trocken tupfen, die Nadeln vom Stängel zupfen und hacken. Knoblauch schälen und durch eine Knoblauchpresse drücken. Beides zu den Tomaten geben, aufkochen lassen und bei geringer Hitze 5 Minuten etwas einkochen lassen.
4. Tomatenpüree mit Salz, Pfeffer und nach Belieben 1–2 EL Balsamessig abschmecken und über das Gemüse geben. Weitere 15–20 Minuten backen, bis das Gemüse weich ist.
5. Die Petersilie waschen, mit Küchenpapier trocken tupfen, die Blätter von den Stängeln zupfen und hacken.
6. Auflauf mit Lein- oder Olivenöl beträufeln und mit der gehackten Petersilie bestreuen.

TIPP: Auf dieselbe Art können Sie auch einen Zucchiniauflauf machen. Oder eine Mischung aus Zucchini und Auberginen zubereiten. Schmeckt auf jeden Fall lecker – die meisten Bitterstoffe stecken jedoch in den Auberginen! Wenn etwas übrig bleibt: Sie können den Auflauf problemlos aufwärmen oder die Reste mit etwas Essig vermischen und als Salat essen.

Achten Sie auf gute Kalorien

Eigentlich muss es Kilokalorien (kcal) heißen. Nach der offiziellen Definition ist eine Kalorie die Wärmemenge, die gebraucht wird, um 1 Gramm Wasser um 1 Grad Celsius zu erwärmen. Umgangssprachlich sagt man meist nur Kalorien. Und wer mehr davon zu sich nimmt, als er verbraucht, wird dick.

Kalorientabellen und auch die Infos in den Rezepten geben eine Orientierung. So lassen sich beispielsweise folgende Angaben machen:

- Eiweiß: 4 kcal/g
- Kohlenhydrate: 4 kcal/g
- Fett: 9 kcal/g
- Alkohol: 7 kcal/g
- Ballaststoffe: 2 kcal/g

Jedoch beruhen diese Angaben auf den durchschnittlichen Nährwerten, da zum Beispiel bei Obst und Gemüse Reifegrad, Sorte und Bodenverhältnisse die Werte beeinflussen.

Fett schlägt in der Kalorienbilanz am meisten zu Buche. Egal ob Sie Schweineschmalz oder Olivenöl essen, die Kalorien sind dieselben. Fett ist ein lebenswichtiges Schmiermittel für unsere Zellen, man kann es zwar reduzieren, darf es aber keinesfalls weglassen. Für Ihre Gesundheit spielt die Qualität der Fette eine Rolle. 60 bis 80 g »gutes« Fett pro Tag aus kaltgepressten Pflanzenölen und Nüssen wären ideal.

Kalorienmäßig gesehen sieht es bei den **Kohlenhydraten** besser aus: nur 4 g pro 100 g. Hier kommt es grundsätzlich darauf an, die »richtigen« Kohlenhydrate zu wählen. Die Ernährungswissenschaft spricht von »leeren« Kohlenhydraten, wenn – wie beispielsweise beim weißen, raffinierten Zucker – nur Kalorien, aber überhaupt keine Vitalstoffe enthalten sind. Das gilt auch für den Zucker in den vermeintlich gesunden Obstsäften aus industrieller Herstellung. Weißes Brot und Brötchen aus ausgemahlenem Mehl haben beinahe gleich viel Kalorien wie Vollkornbrot, aber wesentlich weniger Vital- und Ballaststoffe, die für Darm und Stoffwechsel so wichtig sind. Beziehen Sie Ihre notwendigen Kohlenhydrate daher besser aus dem Naturgarten: aus Gemüse, Obst, Vollkornprodukten, unpoliertem Reis und Hülsenfrüchten.

Gerade Hülsenfürchte sind tatsächlich Powerpakete für »gute Kalorien«. Sie enthalten von Natur aus die richtige Mischung:

hochwertige Kohlenhydrate, lebensnotwendiges Eiweiß und die »guten« Fettsäuren. Das gilt auch, wenn diese aus der Dose kommen.

Die richtigen (komplexen) Kohlenhydrate, kombiniert mit etwas Eiweiß, erzeugen die Neurotransmitter Dopamin und Norepinephrin – das sind die Stoffe, aus denen gute Laune kommt.

Auch **Proteine** (Eiweiß) sind lebensnotwendig. Wobei tierisches Eiweiß vom Körper besser verwertet werden kann als pflanzliches. Es macht lange satt und hilft beim Muskelaufbau oder -erhalt.

Alkohol ist eine regelrechte Kalorienbombe. Nährstoffe? Fehlanzeige! Dazu kommt, dass Alkohol den Appetit anregt, jedoch die Verwertung anderer Nährstoffe verhindert.

Die **Ballaststoffe** hingegen enthalten kaum verwertbare Kalorien, werden einfach ausgeschieden, haben aber auf ihrem langen Weg durch den Darm viel Gutes für das Mikrobiom getan.

Da sich mit zunehmendem Alter der Stoffwechsel verlangsamt, braucht der Körper immer weniger Kalorien. Dazu kommt, dass viele ältere Menschen auch im Alltag weniger Kalorien verbrauchen. Vielleicht ist Sport zu beschwerlich geworden, vielleicht hindern Schmerzen am Gehen oder man ist einfach bequemer geworden. Das heißt, Sie sollten etwas weniger Kalorien zu sich nehmen, als Sie gewohnt waren. Diese aber sollten es in sich haben: viele Nähr- und Vitalstoffe, denn davon brauchen Sie genauso viel wie in jungen Jahren. Die Rezepte sind genau darauf ausgerichtet: Sie haben alle eine hohe Nährstoffdichte!

GEBRATENES PFANNENGEMÜSE

Für 2 Portionen
Pro Portion: 322 kcal / 10,6 g E / 16,1 g F / 24,6 g KH / 18,4 g Bal

ZUTATEN

- 200 g frische oder TK-Möhren
- 200 g frische oder TK-Brokkoli
- 100 g grüne Bohnen, frisch oder TK
- 100 g Zucchini
- Wasser
- 1 kleine rote Paprikaschote
- 2 Knoblauchzehen
- 2 EL kaltgepresstes Raps- oder Olivenöl
- 1 kleine Dose Mais (140 g Abtropfgewicht)
- Salz, Pfeffer
- 1–2 EL Apfelessig

1. Möhren schälen, putzen, waschen und in Scheiben schneiden. Brokkoli in Röschen teilen, Stiele eventuell schälen und würfeln. Bohnen putzen, waschen und in etwa 3 cm lange Stücke schneiden. TK-Gemüse etwas antauen lassen. Zucchini waschen, putzen und in Scheiben schneiden.
2. Wasser in einen passenden Topf füllen, einen Dampfgareinsatz einhängen und das vorbereitete Gemüse darin verteilen. Gemüse 12–15 Minuten weich dämpfen.
3. In der Zwischenzeit die Paprikaschote putzen, waschen und klein würfeln. Die Knoblauchzehen schälen und in feine Scheiben schneiden.
4. Öl in einer geräumigen Pfanne erhitzen und Paprika und Knoblauch unter Rühren kräftig anbraten. Das gedämpfte Gemüse dazugeben und unter mehrmaligem Wenden etwas anbraten.
5. Den Mais aus der Dose unterheben und in der Gemüsepfanne erwärmen. Mit Salz, Pfeffer und Apfelessig abschmecken.

TIPPS:

- Möhren, Brokkoli, Bohnen und Zucchini bekommen Sie auch als Tiefkühlware, bisweilen schon fertig gemischt, die Sie über Dampf auftauen können. Paprika und Knoblauch sorgen für Röstaromen, auf die Sie nicht verzichten sollten.
- Es gibt zahlreiche leckere Gewürzmischungen, mit denen Sie die Gemüsepfanne aufpeppen können: Mediterrane, orientalische oder die klassischen Vier, »Quatre Épices«, aus der französischen Küche erfreuen den Gaumen.

KASSEROLLE MIT BROKKOLI UND MÖHREN

Für 2 Portionen
Pro Portion: 463 kcal / 24,4 g E / 33,0 g F / 13,1 g KH / 7,8 g Bal

ZUTATEN

- 250 g Brokkoli
- 200 g Möhren
- 4 Eier, Größe M
- ½ TL gemahlene Kurkuma
- Salz, Pfeffer
- Cayennepfeffer nach Belieben
- 100 g Frischkäse
- 70 ml Mineralwasser mit Kohlensäure
- 1 große Zwiebel
- 30 g Parmesan
- 1 EL Olivenöl

1. Vom Brokkoli mundgerechte Köpfchen abschneiden und waschen. Den Stiel – wenn nötig – schälen und in kleine Würfel schneiden. Möhren schälen, putzen und in Scheiben schneiden. Wasser in einen mittelgroßen Topf füllen, einen Dampfgareinsatz hineingeben und Möhren und Brokkoliwürfel darin verteilen. 5 Minuten dämpfen, dann die Brokkoliköpfchen dazugeben und alles weitere 6 Minuten bissfest garen.
2. Den Backofen auf 200 °C Ober-/Unterhitze (Umluft weniger geeignet) vorheizen.
3. Eier, Kurkuma, Salz und Pfeffer, nach Belieben auch Cayennepfeffer, Frischkäse und Mineralwasser in einer Schüssel mit dem Schneebesen zu einer glatten Masse verrühren.
4. Die Zwiebel abziehen, längs halbieren und in feine Streifen schneiden. Den Parmesan reiben.
5. Eine feuerfeste Form (Ø ca. 25 cm) mit dem Olivenöl auspinseln und die Zwiebelstreifen am Boden verteilen. Das übrige Gemüse obenauf geben und mit Parmesan bestreuen. Die Eimasse darüber gießen und die Kasserolle im vorgeheizten Ofen 20 Minuten backen, bis die Masse vollständig gestockt und am Rand goldgelb ist.

INFO: Keine Angst vor Eiern! Die hochwertigen Proteine und wichtige Nährstoffe wie Vitamin A, B-Vitamine und Carotinoide machen sie zu einem sehr erwünschten Lebensmittel, gerade für Senioren.

OFENGEMÜSE MIT ROSMARIN

Für 2 Portionen
Pro Portion: 417 kcal / 10,2 g E / 23,7 g F / 34,9 g KH / 13,0 g Bal

ZUTATEN

- 1 rote Zwiebel
- 200 g Kartoffeln
- 150 g Möhren
- 1 rote Paprikaschote
- 250 g Brokkoli
- 150 g Zucchini
- 4 Knoblauchzehen
- 3 EL kaltgepresstes Olivenöl
- grobes Meersalz
- 2 Zweige Rosmarin

1. Den Backofen auf 200 °C Ober-/Unterhitze vorheizen (Umluft 180 °C).
2. Die Zwiebel abziehen und längs in Viertel oder Achtel schneiden. Kartoffeln, Möhren, Paprikaschote, Brokkoli und Zucchini putzen, waschen und in grobe Spalten oder Scheiben schneiden. Die Gemüsestücke sollen etwa gleich groß sein.
3. Die Knoblauchzehen an der flachen Seite auf die Arbeitsfläche drücken, bis sie aufplatzen. (Nach dem Garen kann man das Fruchtfleisch herausquetschen – für Knoblauchliebhaber ein Festschmaus!)
4. Die Gemüse in eine ofenfeste Form geben, mit dem Olivenöl beträufeln und gut vermischen, sodass sie gleichmäßig vom Olivenöl benetzt sind.
5. Mit Meersalz bestreuen, den Rosmarin an den Rand stecken und das Ganze 30–35 Minuten im vorgeheizten Ofen backen, bis alles leicht gebräunt ist. Zwischendurch einmal mit einem Pfannenwender umrühren. Gleich in der Form servieren.

TIPPS:

- Die Gemüse können Sie natürlich variieren. Kohlrabi und Süßkartoffel sind sehr gut geeignet, ebenso Blumenkohl oder Blattspinat. Achten Sie darauf, dass Sie für die beiden Portionen insgesamt auf ca. 1 kg rohes Gemüse kommen.
- Gut passt dazu ein Dip aus 150 g Naturjoghurt, welcher mit etwas Salz, mildem Paprikapulver und 1 Msp. gemahlenem Zimt verrührt wird.

ROTE BETE MIT KÜRBIS UND SPINATPESTO

Für 2 Portionen
Pro Portion Gemüse: 361 kcal / 6,4 g E / 16,2 g F / 44,0 g KH / 6,6 g Bal
1 EL Pesto: 93 kcal / 2,0 g E / 9,2 g F / 0,2 g KH / 0,6 g Bal

ZUTATEN

400 g frische Rote Bete
400 g Hokkaido-Kürbis, vorbereitet gewogen
2 EL Olivenöl
Pfeffer aus der Mühle
100 g frischer Spinat
30 g Paranüsse
30 g Parmesan
50 ml Leinöl
Salz, Pfeffer
Zitronensaft

1. Den Backofen auf 180 °C Ober-/Unterhitze (Umluft 160 °C) vorheizen.
2. Die Roten Beten mit einem Sparschäler schälen und in etwa 1 cm große Würfel schneiden. (Schützen Sie dabei Ihre Hände, der rote Farbstoff haftet hartnäckig!) Die Kürbisschale säubern, Kürbis entkernen und das Fruchtfleisch in etwa 1,5 cm große Würfel schneiden.
3. Ein Backblech mit Backpapier auslegen und Rote Beten und Kürbis getrennt voneinander darauf ausbreiten. Mit Öl beträufeln und mit Pfeffer aus der Mühle würzen. Eine kleine feuerfeste Schale mit Wasser dazustellen und das Ganze 30 Minuten auf der mittleren Schiene rösten. Zwischendurch öfter mit einem Pfannenheber wenden.
4. In der Zwischenzeit für das Pesto den Spinat waschen, putzen und verlesen. In einem Sieb gut abtropfen lassen. Paranüsse und Parmesan grob hacken.
5. Spinat, Paranüsse, Parmesan und Leinöl in einen Mixer geben und nicht allzu fein pürieren. Mit Salz, Pfeffer und Zitronensaft pikant abschmecken und in ein Schraubglas füllen.
6. Gemüsewürfel auf zwei Teller verteilen und mit 1–2 EL Pesto beträufeln.

TIPPS:

- Wenn es weniger Mühe machen soll: Rote Bete gibt es vorgekocht und vakuumiert in der Gemüseabteilung, Kürbis finden Sie bei den Konserven. Pesto gibt es auch fertig, jedoch nicht mit Spinat und den wertvollen Paranüssen. Diese enthalten viel Selen sowie Magnesium, Mangan und Kalzium – alles wichtig für Herz und Gehirn.
- Das Pesto reicht für etwa 8 EL. Weniger zuzubereiten würde im Mixer zu keinem Ergebnis führen. Pro Gemüseportion rechnen Sie mit 1–2 EL Pesto, der Rest hält sich fest verschlossen 2 Wochen im Kühlschrank.

ZUCCHINIAUFLAUF MIT KÄSEKRUSTE

Für 4 Portionen
Pro Portion: 368 kcal / 23,8 g E / 25,1 g F / 9,9 g KH / 3,5 g Bal

ZUTATEN

- 1 EL kaltgepresstes Rapsöl
- 30 g frische Kräuter, zum Beispiel Majoran, Thymian oder Oregano
- 6 Eier, Größe M
- 200 ml saure Sahne
- 100 g geriebener Gouda oder Parmesan
- Salz, Pfeffer
- 1 kg Zucchini
- 1–2 TL Fenchelsamen
- 1 Bund Lauchzwiebeln

1. Den Backofen auf 200 °C Ober-/Unterhitze (Umluft 180 °C) vorheizen. Eine feuerfeste Form (ca. 20×30×5 cm) mit dem Rapsöl auspinseln.
2. Die Kräuter waschen, mit Küchenpapier trocken tupfen und die Blätter abzupfen.
3. Eier, saure Sahne, Kräuter, Käse, Salz und Pfeffer in eine Schüssel geben und gut verrühren.
4. Die Zucchini waschen, putzen und in ca. 3 mm breite Scheiben schneiden. Die Hälfte der Scheiben in der Form verteilen, mit Fenchelsamen bestreuen und mit 1/3 der Soße begießen. Die restlichen Zucchini darauf geben und die restliche Soße darüberstreichen.
5. 20–25 Minuten im vorgeheizten Ofen auf der mittleren Schiene backen, bis eine goldbraune Kruste entstanden ist.
6. In der Zwischenzeit die Lauchzwiebeln abziehen, mit viel Grün in Ringe schneiden und den fertigen Auflauf damit bestreuen.

TIPP: Vom Auflauf gibt es gleich 4 Portionen, dann lohnt sich der Aufwand mit dem Backen. Übrig gebliebene Portionen können Sie problemlos einfrieren oder 2–3 Tage im Kühlschrank aufbewahren. Zum Aufbacken 20 Minuten zuerst mit Alufolie abgedeckt erhitzen, dann etwa 5 Minuten offen backen.

GEBRATENER ROSENKOHL MIT PILZEN

Für 2 Portionen
Pro Portion: 316 kcal / 18,9 g E / 15,3 g F / 14,7 g KH / 22,2 g Bal

ZUTATEN

- 200 g frische Pilze (zum Beispiel Austernpilze oder Shiitake) oder 30 g getrocknete Pilze
- 600 g Rosenkohl
- Wasser
- Salz
- 1 kleine Knolle Fenchel (ca. 150 g geputzt)
- 2 EL kaltgepresstes Rapsöl
- 1 TL Anissamen nach Belieben
- Salz, Pfeffer
- etwas Zitronensaft

1. Frische Pilze mit einem feuchten Tuch säubern und in mundgerechte Stücke schneiden. Getrocknete Pilze in lauwarmem Wasser einlegen, bis sie weich sind.
2. Rosenkohl putzen, größere Exemplare halbieren und in einen Dampfgareinsatz geben. Wasser in einen geeigneten Topf füllen, den Dampfgareinsatz einhängen und den Rosenkohl in etwa 15 Minuten weich dämpfen.
3. In der Zwischenzeit den Fenchel putzen, waschen und in Ringe schneiden. Das Fenchelgrün hacken.
4. Rapsöl in einer beschichteten Pfanne erhitzen und den Fenchel unter Rühren bissfest garen. Mit Anis würzen, die frischen Pilze dazugeben (getrocknete Pilze zuvor durch ein Sieb abgießen und die Flüssigkeit beiseitestellen) und unter weiterem Rühren braten.
5. Den gedämpften Rosenkohl unterrühren und das Ganze 2–3 Minuten zusammen auf kleiner Flamme in der Pfanne ziehen lassen. Dabei häufiger wenden. Nach Belieben können Sie jetzt auch das Pilzwasser dazugeben und etwas einkochen lassen.
6. Mit Salz, Pfeffer und etwas Zitronensaft abschmecken und mit dem Fenchelgrün bestreuen.

TIPP: Wenn Sie Fenchel nicht so sehr mögen, können Sie stattdessen eine große weiße Zwiebel oder eine kleine Knolle Kohlrabi verwenden.

FISCHEINTOPF »PROVENÇE«

Für 2 Portionen
Pro Portion: 234 kcal / 20,1 g E / 11,1 g F / 12,1 g KH / 2,9 g Bal

ZUTATEN

- 200 g gemischte Fischfilets (zum Beispiel Schellfisch, Seelachs und Seeteufel)
- 1 EL Zitronensaft
- 1 kleine Zwiebel
- 1 Knoblauchzehe
- 75 g Staudensellerie
- 75 g Möhren
- 1 EL Olivenöl
- 400 ml Gemüsebrühe oder Fischfond
- 1 TL Fenchelsamen
- 1 Döschen Safranfäden
- 1 kleines Päckchen passierte Tomaten (200 g)
- Salz, Pfeffer
- 1 Stängel glatte Petersilie

1. Die Fischfilets unter fließendem kaltem Wasser abbrausen, trocken tupfen und in mundgerechte Stücke schneiden. Mit Zitronensaft beträufeln und zugedeckt beiseitestellen.
2. Die Zwiebel abziehen und hacken. Die Knoblauchzehe schälen und in Scheiben schneiden.
3. Staudensellerie putzen, waschen und in Scheiben schneiden. (Äußere Stängel eventuell zuvor dünn abschälen.) Die Möhren schälen, putzen, waschen und ebenfalls in Scheiben schneiden.
4. Das Öl in einem mittelgroßen Topf erhitzen und Zwiebel und Knoblauch unter Rühren andünsten. Sellerie und Möhren dazugeben und unter weiterem Rühren kurz anbraten.
5. Brühe, Fenchelsamen und Safranfäden dazugeben, die Gemüse 15–20 Minuten weich kochen.
6. Die passierten Tomaten zugeben und alles mit dem Pürierstab nach Belieben feiner oder gröber pürieren.
7. Die Suppe mit Salz und Pfeffer abschmecken. Die Fischstücke hineinlegen und 5 Minuten bei milder Hitze sanft ziehen lassen.
8. Die Petersilie waschen, trocken schütteln und die Blätter von den Stielen zupfen. Die Suppe auf zwei Teller verteilen und mit Petersilie bestreuen.

HÄHNCHENSCHNITZEL AUF SALATMISCHUNG

Für 2 Portionen
Pro Portion: 413 kcal/ 48,2 g E / 20,0 g F / 8,8 g KH / 2,6 g Bal

ZUTATEN

250 g Salatmischung nach Belieben
1 Orange
400 g Hähnchenbrustfilets
Salz, Pfeffer
2 EL kaltgepresstes Rapsöl
Salz, Pfeffer
50 ml Wasser

TIPP: Achten Sie darauf, dass Ihre Salatmischung auch bittere Sorten enthält wie zum Beispiel Chicorée, Rucola oder Feldsalat. Von den gesundheitsfördernden Bitterstoffen bekommen wir durch moderne Gemüsezüchtungen eher zu wenig. Dabei wirken sie entzündungshemmend, stärken das Immunsystem, können den Blutzucker senken und wirken verdauungsfördernd.

1. Den Salat – wenn erforderlich – waschen, verlesen und trockenschleudern. Die Orange heiß waschen, abtrocknen, 1 EL Schale abraspeln und beiseitestellen. Die Frucht auspressen.
2. Das Hähnchenfleisch quer in 6 Schnitzel schneiden und diese salzen und pfeffern.
3. Das Öl in einer beschichteten Pfanne mild erhitzen und die Schnitzel von beiden Seiten goldgelb anbraten.
4. In der Zwischenzeit in einer Salatschüssel Orangensaft, Salz und Pfeffer verrühren. Den Salat unterheben.
5. Die Hähnchenschnitzel auf den Salat legen, das Bratöl mit Wasser ablöschen, kurz aufkochen lassen, über den Salat gießen und das Ganze mit den Orangenschalen bestreuen.

HÄHNCHENKEULEN MIT PILZEN UND TOMATEN

Für 2 Portionen
Pro Portion: 598 kcal / 55,3 g E / 37,6 g F / 7,4 g KH / 4,5 g Bal

ZUTATEN

- 1 kleine Zwiebel
- 2 Knoblauchzehen
- 250 g braune oder weiße Champignons
- 250 g Cherry-Tomaten
- 2 EL Olivenöl
- 4 Hähnchenunterkeulen (ca. 400 g)
- Salz, Pfeffer
- 2 Zweige Rosmarin

1. Den Backofen auf 200 °C Ober-/Unterhitze (Umluft 180 °C) vorheizen.
2. Zwiebel abziehen und in Ringe schneiden. Knoblauch schälen und fein hacken oder durch eine Knoblauchpresse drücken.
3. Champignons mit Küchenpapier abreiben und putzen. Größere Pilze halbieren oder vierteln. Tomaten waschen, abtropfen lassen und halbieren.
4. Zwiebel, Champignons und Tomaten in einer ofenfesten Form verteilen (ca. 20×15 cm) und mit 1 EL Olivenöl beträufeln.
5. Die Hähnchenkeulen waschen, trocken tupfen und auf das Gemüse legen. Knoblauch mit dem restlichen Olivenöl, Salz und Pfeffer vermischen und die Keulen damit bestreichen.
6. Rosmarinzweige waschen, trocken schütteln und zwischen die Keulen stecken.
7. Im vorgeheizten Ofen 45–50 Minuten goldgelb braten.

TIPPS:

- Die Drumsticks, wie Hähnchenunterkeulen in den USA genannt werden, können Sie mit beliebigen anderen Gemüsesorten je nach Saison zubereiten. Achten Sie darauf, dass es immer ca. 500 g Gemüse sind, das ist wichtig für Ihre Vitalstoffversorgung.
- Sie können auch größere Mengen auf einem mit Backpapier ausgelegten Backblech zubereiten. Die Keulen schmecken auch Gästen oder lassen sich gut aufwärmen.

HÄHNCHEN MIT FENCHEL AUS DEM OFEN

Für 2 Portionen
Pro Portion: 560 kcal / 54,6 g E / 29,9 g F / 12,8 g KH / 11,0 G

ZUTATEN

400 g Hähnchenteile mit Haut
2 EL Olivenöl
1 EL Fenchelsaat
½ TL Paprikapulver rosenscharf oder edelsüß
Salz, Pfeffer
500 g Fenchelknollen
1 Bio-Orange

1. Den Backofen auf 200 °C Ober-/Unterhitze (Umluft 180 °C) vorheizen.
2. Die Hähnchenteile waschen, trocken tupfen und in eine ofenfeste Form (ca. 20×15 cm) geben. 1 EL Olivenöl, Fenchelsaat, Paprikapulver, Salz und Pfeffer in einer kleinen Schüssel verrühren und die Hähnchenteile damit bestreichen.
3. Fenchel waschen, halbieren, den harten Strunk keilförmig herausschneiden und das Fenchelgrün beiseitelegen. Fenchel in Spalten schneiden und zwischen den Hähnchenstücken verteilen. Mit dem restlichen Olivenöl beträufeln. Die Orange auspressen und 100 ml Saft angießen.
4. Im vorgeheizten Ofen 40–45 Minuten goldbraun backen. Eventuell gegen Ende der Backzeit mit Alufolie abdecken.
5. Das Fenchelgrün fein hacken und das fertig gebackene Gericht damit bestreut servieren.

TIPP: Wenn Sie möchten, können Sie von der heiß gewaschenen Orange vor dem Auspressen 1–2 TL Schale fein abraspeln und zusammen mit dem Fenchelgrün über die Hähnchenteile streuen.

SCHWEINEFILET MIT KÜRBIS

Für 2 Portionen
Pro Portion: 485 kcal / 30,8 g E / 19,4 g F / 37,4 g KH / 3,4 g Bal

ZUTATEN

1 kleiner Hokkaido-Kürbis, ca. 750 g ungeputzt

2 EL Olivenöl

je ¼ TL gemahlene Kurkuma und Paprikapulver rosenscharf

Salz, Pfeffer

1 kleine rote Zwiebel

2 Knoblauchzehen

300 g Schweinefilet oder -schnitzel

2 Stängel glatte Petersilie

1. Den Kürbis waschen, halbieren und die Kerne entfernen. Das Fruchtfleisch in etwa 1–1,5 cm große Würfel schneiden.
2. In einer geräumigen Schüssel 1 EL Olivenöl mit Kurkuma, Paprikapulver, Salz und Pfeffer verrühren. Die Kürbiswürfel dazugeben und gut mit dem Gewürzöl vermischen, sodass sie rundherum benetzt sind.
3. Ein Backblech mit Backpapier auslegen und die Kürbiswürfel nebeneinander darauf verteilen. In den kalten Backofen schieben, 180 °C Ober-/Unterhitze (Umluft 160 °C) einstellen und 15–20 Minuten backen, bis sie weich sind.
4. In der Zwischenzeit die Zwiebel abziehen und längs in Spalten schneiden. Knoblauch schälen und in feine Scheiben schneiden. Das Schweinefleisch in 1–1,5 cm große Würfel schneiden.
5. Restliches Olivenöl in einer Pfanne erhitzen und Fleischwürfel und Knoblauchscheiben einrühren. Die Zwiebelspalten obenauf geben. Bei mittlerer Hitze so lange braten, bis das Fleisch an der Oberseite nicht mehr rosa ist.
6. Dann Fleisch und Zwiebel kräftig durchrühren und die Kürbiswürfel aus dem Ofen unterheben. Alles zusammen kurz durchziehen lassen und mit Salz und Pfeffer abschmecken.
7. Die Petersilie waschen, trocken tupfen, die Blätter von den Stängeln zupfen und das Gericht damit bestreuen.

RINDERFILETSPITZEN MIT PILZEN

Für 2 Portionen
Pro Portion: 376 kcal / 38,3 g E / 21,6 g F / 4,4 g KH / 5,4 g Bal

ZUTATEN

300 g Rinderfiletspitzen (oder falsches Filet, Hüftsteak)

Pfeffer

400 g weiße oder braune Champignons

1 kleine rote Zwiebel

2 Stängel glatte Petersilie

2 EL Olivenöl

50 ml Fleisch- oder Gemüsebrühe

Salz

1 EL Sojasoße

1. Das Fleisch trocken tupfen, in Streifen schneiden und mit Pfeffer würzen. Die Champignons mit Küchenpapier säubern und je nach Größe halbieren oder vierteln. Die Zwiebel abziehen und in Ringe schneiden. Petersilie waschen, trocken schütteln und die Blätter von den Stängeln zupfen.
2. Öl in einer geräumigen beschichteten Pfanne erhitzen und Fleisch und Zwiebelringe flach in der Pfanne verteilen. Etwa 3 Minuten braten, dann die Fleischstreifen und Zwiebeln wenden und die Champignons obenauf verteilen. Das Ganze etwa 2 Minuten weiterbraten.
3. Anschließend alles gut durchrühren, die Brühe angießen und aufkochen lassen. Vom Herd nehmen und mit Salz, Pfeffer und Sojasoße würzen.

BILDNACHWEIS

Shutterstock.com: S. 6, 87, 114: Chudo2307; S. 8: wabeno; S. 11: Craevschii Family; S. 12, 15, 43, 111, 221: Tatjana Baibakova; S. 13: Maryna Jack, NataliaZa; S. 16: Happy Zoe; S. 19: Slawomir Zelasko; S. 20: BUTENKOV ALEKSEI; S. 21: Binh Thanh Bui; S. 23: Alex Staroseltsev, Andrei Dubadzel, Alexander Raths, ifong; S. 24: spline_x, NIKCOA, almond; S. 25: Dmitr1ch, Jr images; S. 27: Tatiana Bralnina; S. 36: Alexander Raths; S. 37: Tim UR; S. 39: SvetaZi; S. 40: Jack Mankel; S. 42: Designua; S. 44: Jiri Hera; S. 45: lavizzara, ifong; S. 46: kiboka, JGade, Bjoern Wylezich; S. 47: xpixel; S. 49: RaulAlmu, GhostDesigner, soponyono, enisofia, ZaenulYahya; S. 50, 65: Anna Puzatykh; S. 53: Timolina; S. 55, 80, 91, 135: MariaKovaleva; S. 55, 59: JeniFoto; S. 56: Nataly Studio, Olga Miltsova; S. 57: photodaria; S. 60: Amallia Eka; S. 61: Milenie; S. 63, 134: Julie208; S. 66: Natalia Golubnycha; S. 67: Halyna Dorozhynska; S. 68, 166, 179: NoirChocolate; S. 69: Moving Moment; S. 70: fired; S. 71: Andrei Dubadzel; S. 73: Jagoda Przybyla; S. 74: Maria Medvedeva; S. 75: tag2016; S. 76: goodmoments; S. 79: Sea Wave; S. 82: TYNZA; S. 83: nesavinov; S. 85: Elena Hramova; S. 88: Johannes Ziegler Photo; S. 89: DUSAN ZIDAR; S. 92: Chatham172; S. 93: Monika_1; S. 95: Diana Taliun, Alaina Sharpshair; S. 97: kochabamba; S. 99: Eleonora Tuveri; S. 101, 210, 227: Nina Firsova; S. 103: NADKI; S. 105: Veronika Idiyat; S. 106: DronG; S. 107: LumenSt; S. 108: New Africa; S. 109, 115, 123: Timolina; S. 110: Oksana Klymenko; S. 113, 146, 159, 235, 236: AS Foodstudio; S. 117: Oxana Denezhkina; S. 119: Jacek Chabraszewski; S. 121, 230: Afanasieva; S. 124, 131: Anna Puzatykh; S. 126: nadianb; S. 127, 157: Elena Veselova; S. 128: denio109; S. 129: Yulia Davidovich; S. 130: Stepanek Photography; S. 132, 209: teleginatania; S. 133: topotishka; S. 137: Antonina Vlasova; S. 138, 143: Elenglush; S. 141, 175: Ildi Papp; S. 142: Jacek Chabraszewski; S. 144: Elena Hramova; S. 145: alpenkoch; S. 147: Iaroshenko Maryna; S. 149: Daria Arnautova; S. 150: Mohamed Ali Gabr; S. 151, 168: olepeshkina; S. 153: Manaswi Patil; S. 154: Candice Bell; S. 155: freeskyline; S. 160: OlgaBombologna; S. 161, 163: Kilian Oksana; S. 165: Dar1930; S. 169, 172: Brent Hofacker; S. 170: Natalia Klenova; S. 171: cosmopolit; S. 173: Cesarz; S. 174: CGissemann; S. 176: Indigo Photo Club; S. 177: Spalnic; S. 181: Maria-Zubareva; S. 182, 193: Sebastiana Raw; S. 185: Svetlana Monyakova; S. 186: Adao; S. 187: Katinkah; S. 188, 189: Aleksey Mnogosmyslov; S. 191: AnjelikaGr; S. 194: Daria Minaeva; S. 195: marco mayer; S. 197: Shebeko; S. 199: Artem Evdokimov; S. 200: DMZ001; S. 201:8 Vector Tradition; S. 202: j.chizhe; S. 203: Malivan_Iuliia; S. 205: Svetlana Lukienko; S. 206: HandmadePictures; S. 207: Foxxy63; S. 213: Liliya Kandrashevich; S. 214: Scisetti Alfio; S. 215: juefraphoto; S. 217: J_K; S. 219: Maria_Usp; S. 220: Dmitry Kovalchuk; S. 223: gkrphoto; S. 225: nelea33; S. 229: Kcuxen; S. 231: Peredniankina; S. 232: studio f22 ricardo rocha; S. 233: from my point of view; S. 237: Anna Shepulova; S. 238: Tatiana Volgutova.

Bibliografische Information der Deutschen Nationalbibliothek
Die Deutsche Nationalbibliothek verzeichnet diese Publikation in der Deutschen Nationalbibliografie. Detaillierte bibliografische Daten sind im Internet über https://dnb.de abrufbar.

Für Fragen und Anregungen
info@m-vg.de

Wichtige Hinweise
Dieses Buch ist für Lernzwecke gedacht. Es stellt keinen Ersatz für eine individuelle medizinische Beratung dar und sollte auch nicht als solcher benutzt werden. Wenn Sie medizinischen Rat einholen wollen, konsultieren Sie bitte einen qualifizierten Arzt. Der Verlag und die Autorin haften für keine nachteiligen Auswirkungen, die in einem direkten oder indirekten Zusammenhang mit den Informationen stehen, die in diesem Buch enthalten sind.

Ausschließlich zum Zweck der besseren Lesbarkeit wurde auf eine genderspezifische Schreibweise sowie eine Mehrfachbezeichnung verzichtet. Alle personenbezogenen Bezeichnungen sind somit geschlechtsneutral zu verstehen.

Originalausgabe
1. Auflage 2024

Türkenstraße 89
80799 München
Tel.: 089 651285-0

Redaktion: Stephanie Kaiser-Dauer
Umschlaggestaltung: Sabrina Pronold
Umschlagabbildungen Shutterstock.com: Vorderseite: Daria Arnautova, MariaKovaleva, Nina Firsova; Rückseite: Jagoda Przybyla, topotishka, Monika_1
Satz: Verena Koch
Druck: Florjancic Tisk d.o.o., Slowenien
Printed in the EU

ISBN Print 978-3-7423-2591-4
ISBN E-Book (PDF) 978-3-7453-2384-9
ISBN E-Book (EPUB, Mobi) 978-3-7453-2385-6

Wir produzieren nachhaltig
www.m-vg.de

Weitere Informationen zum Verlag finden Sie unter
www.rivaverlag.de
Beachten Sie auch unsere weiteren Verlage unter www.m-vg.de